Rich Dad's Success Stories

Real Life Success Stories from Real Life People Who Followed the Rich Dad Lessons

金持ち父さんのサクセス・ストーリーズ

金持ち父さんに学んだ25人の成功者たち

ロバート・キヨサキ
＋
公認会計士
シャロン・レクター
春日井晶子 訳

筑摩書房

金持ち父さんのサクセス・ストーリーズ　目次

第五部●●●●ビジネスの新しい方法 187

第六部●●●●人生を変えた出来事 217

金持ち父さんのサクセス・ストーリーズ

金持ち父さんに学んだ25人の成功者たち

Rich Dad's Success Stories
Real Life Success Stories
from Real Life People
Who Followed the Rich Dad Lessons
By Robert T. Kiyosaki with Sharon L. Lechter

序文……
ロバート・キヨサキ

私は次の理由から、『金持ち父さんのサクセス・ストーリーズ』が大変気に入っている。

1．本書に登場する人々は行動を起こし、成功した。

私は数週間前に、妻のキムとともに暮らしているアリゾナ州フェニックスのテレビ番組に出演した。内容は『金持ち父さん　貧乏父さん』の読者と私がインタビューを受けるというものだ。読者の女性は、本は面白かったが、読んでも特に得るものはなかったと語った。彼女は「この本は私が次に何をしたらいいかを教えてくれない」ことが不満だったのだ。怒りがわきあがってきたので、私は何も答えず、微笑むふりをして黙ってうなずいた。

「では、彼女は何をしたらいいのでしょう？」と司会者が尋ねた。

「何をしたらいいのか教えてくれる本を見つけることでしょうね」私はやっとそう答えた。

私は、言われた通りのことしかできない人に怒りを感じる。学校に通っていたころ、先生に教えられた通りのことだけをして良い成績を挙げるクラスメートがいた。彼らはよく「先生のお気に入り」と呼ばれたものだ。私はといえば、するように言われていないことや、するなと言われたことをして、問題を起こしていた。このように、自分が何かをしろと指図されるのが大嫌いな人間であることに幼いころから気づいていたので、私は本を書いても読者に何かをしろと伝えないようにしているのだ。

書店や図書館にはハウツー本があふれている。何をしたらいいのか、どのようにしたらいいのかを教えてもらいたい人には、こうした本がぴったりだろう。しかし、私が「金持ち父さん」シリーズを書いたのは、「ハウツー」ではなく金持ち父さんがもっていたお金に関する知恵と教えを伝えるためだ。このシリーズはそれに基づいて私自身がたどった試行錯誤の物語であり、失敗や経験から学んだ軌跡なのだ。誰かに同じ道をたどってもらうつもりはない。私は自分が学んだことを伝え、読者が自分の道を見つけるのを手助けしたいだけなのだ。

「金持ち父さん」シリーズの目的は、金持ちになるための特定の方法を教えることではなく、読者が人生における可能性を広げることにある。金持ち父さんは何年も前に、金持ちになる方法は数限りなくあると言った。私にぴったりの方法は、私自身が見つけなければならない、と。そこで、私は金持ち父さんの足取りをたどって金持ちになる代わりに、その教えを基にして自分自身の方法を見つけたのだ。本書には、そんな経験があふれている。本書に登場する人々は、金持ち父さんから学んだことを使って、経済的に成功するための自分自身の方法を見つけた。彼らは、次に何をしたらいいか、誰かが教えてくれるのをただ待っているような人たちではないのだ。

今日、何百万という人々が、発展性のない仕事をしたり、ただ懸命に働いたり、投資したお金を失ったりしている。多くの人は、引退できないかもしれないと感じながら、誰かが手を取って経済的な苦境から救い出してくれるのを待っているだけだ。彼らが書店や図書館で、その方法を手取り足取り教えてくれるハウツー本と出合えればよいのだが。本書に登場する人々は、ハウツー本を読んだりはしなかった。その代わり、経済的成功への道を見つけた自分の「ハウツー」を記してくれたのである。

2．彼らが経済的に成功する一方で、何百万人もの人が何兆ドルというお金を失っている。

『金持ち父さん　貧乏父さん』が出版されたのは、一九九七年四月のことだ。当時はドットコム産業のバブルの真っ最中だったことを覚えている人もいるだろう。それまで投資などしたこともなかった人が、自宅のエクイティ（市場価格からローン残高を引いた残りの価値、担保余力）や貯金から引き出したお金や一生懸命に稼いだお金を、投資信託や株式、さらには新規公開株にまで投資した。新規公開株は、通常なら資産家や経験を積んだ投資家しか売買しない株だ。

私は一九九七年から二〇〇三年にかけて『金持ち父さん　貧乏父さん』のプロモーションであちこちに出かけた際に、株式投資や投資信託の危険性についてよく訴えた。そうした発言によって、経済コメンテーターから激しい批判を浴びたことも何度かあるし、出演中の番組から退座してほしいと言われたこともある。『金持ち父さん　貧乏父さん』と金持ち父さんのメッセージを非難する経済雑誌や新聞もあった。いくつかの出版物は、私についての嘘や誤った記事を載せることで、私と金持ち父さんのメッセージの信用を失わせようとした。しかし二〇〇三年になると、そうした人たちが、金持ち父さんの教えには一理あると認め始めたのである。

今日、何百万人もの人が何兆ドルというお金を失ったのを目にした後で、この経済的に激しく揺れ動いた時代をうまく乗り切って成功した人の話を読むと、ほんとうに嬉しくなる。また、私を批判した経済コメンテーターたちを含めた多くの人が、あの頃にファイナンシャル・プランナーの言葉ではなく金持ち父さんの教えに従うべきだったと感じていることは確かだ。

3．金持ち父さんの教えや知恵は、たしかに正しい。

しかし、いまだに「株式市場が回復するのを待っています」という人がいる。株価が暴落する前に間違ったアドバイスをしていたファイナンシャル・アドバイザーたちが、暴落後も同じアドバイスを続けていることも知っている。相変わらず、投資は「長期的に、分散させて、買って持ち続けるように」と言っているのだ。それだけではない。彼らは「株式市場は平均で年に九パーセント上昇しています」と言い続けている。彼らが間違っていたことの証拠が山積しているのにもかかわらず、残念なことに何百万人もの投資家が今でもそうした間違ったアドバイスに従っているばかりか、それにお金を払い続けていることが、私には理解できない。本書は、自分でお金の勉強をして、自分の経済的な未来を責任をもってコントロールした人たちの物語だ。金持ち父さんはよく言っていた。「多くの人が経済的に成功できない理由は、彼らが金持ちではなく営業マンのアドバイスに従っているからだ」

●本書が素晴らしい本当の理由

現実の世の中で現実の人々が金持ちになった物語を私が気に入っている三つの理由のうちで、もっとも重要なのは最初の理由だ。

なぜなら、彼らは行動を起こしたからだ。『金持ち父さん　貧乏父さん』の終わりに「いますぐ行動しよう！」と記したが、彼らは実際に行動した。リスクを冒したことはもちろん、もっと重要なことは、彼らがお金の勉強をし、経済的な未来に対して自分で責任をもったことだ。何百万人もの人が未だにお金を金融機関に預けて、自分のお金に関心をもってもらうことを期待しているが、彼らは違っていた。

これから先、経済は大混乱し、不安定な時代になるだろう。来るべき経済的な嵐に、あらゆる人が——私を含めて——試されるのだ。本書で自分の経験を語ってくれた人々は、明日の嵐のためにしっかりと備えている。それは彼らが行動を起こし、学び、経験と知恵を深め、成功したからだ。私はそのことをとても嬉しく思っている。今日のうちにしっかりと備えをした人々にとって、将来は明るいものになるだろう。だが、古き良き時代の再来を待つだけの人々にとっては、残念だが暗い将来しかない。

紹介……

金持ち父さんとともに行動する

シャロン・レクター

『金持ち父さんのキャッシュフロー・クワドラント』で、私たちはキャッシュフロー・クワドラントを紹介した（図①）。キャッシュフロー・クワドラントとは、お金の世界における四つのタイプの人々を表わしたものだ。

クワドラントの左側にあるEとSは、従業員と、自営業者やスモールビジネスのオーナーを指す。従業員は仕事の安定と利益を求め、Sである専門職《スペシャリスト》の人は自分のビジネスを「所有」しようとする。しかし、彼らは成功すればするほど忙しくなり、仕事やビジネスに縛りつけられてしまう。クワドラントの左側は、学校教育で教えられてきた仕事の姿だ。また、「ラットレース」とも呼ばれる。

クワドラントの右側にあるBとIは、ビジネスオーナーと投資家だ。ビジネスオーナーはビジネスの進め

①キャッシュフロー・クワドラントは四つの異なる考え方を表す

方を決めて他人を働かせ、自分ではビジネスそのものにかかわらない。投資家はお金に働かせる。つまり、経済的な自由はキャッシュフロー・クワドラントの右側で得られる。右側は別名「ファーストトラック」という。

本書でサクセス・ストーリーを語ってくれた人たちはみな、経済的自由を手に入れるという目標をもって、クワドラントの右側に移ろうと努力している。「金持ち父さん」シリーズの読者は皆、キャッシュフロー・クワドラントの左側から右側へ移りたいと言い、反対に右側から左側へ向かおうとする人はいない。それは、キャッシュフロー・クワドラントの左側から右側へ移ることこそが経済的な自由を得る方法だと、誰もが知っているからだ。

クワドラントの右側ではお金があなたのために一生懸命働いてくれる、と金持ち父さんは教える。多くの人がクワドラントを移ろうとして、片足を左側のEかSにかけたまま右側で自分のビジネスをもったり不動産投資を行ったりしている。彼らの目標は、充分なキャッシュフローを生み出して仕事とSクワドラントの世界で生きることをやめ、ビジネスオーナーか投資家として完全にクワドラントの右側で生きることだ。

彼らの物語では、収入をすっかり他人任せにすることとファイナンシャル・ライフ（人生の経済的な面）を自分でコントロールすることとの違いが語られる。お金について抱いていた恐怖心をさらけだし、それをどうやって克服したかも教えてくれる。金持ち父さんのアドバイスのとおり、自分にあった道を自分で切り開いたのだ。

この本に登場する人たちはビジネスを購入するか、不動産投資をするか、あるいはその両方を行うことで、経済的な安定を達成した。すでに自分のビジネスをもっている人は、金持ち父さんの教えを学んで経営を改善し、オーナーにとってより良い方向へと変えていった。

彼らの中には、お金の勉強をする前からお金の専門家だった人は一人もいない。有名大学の修士号や博士号を持っている人もいるし、高校を卒業しただけの人もいる。何人かは、まだ学校に通っている。とはいえ、それぞれが受けた教育とは無関係に、今では全員が資産を築くことの大切さを理解し、良い借金と悪い借金の違いを心得ている。個人的な事情や暮らしている地域、もともとの経済状況にかかわらず、みな、キャッシュフローのもっとも重要な要素を学び、自分の人生の経済的な側面をコントロールし、経済的自由に向かって突き進んでいる。そのうちの何人かはラットレースから抜け出し、クワドラントの右側つまりファーストトラックで幸せに暮らしている。本書を読んでいるあなたが、もし彼らのように金持ち父さんの教えに従って経済的な成功を達成したのなら、どうか www.richdad-jp.com. であなたのサクセス・ストーリーを公開し、他の人々にインスピレーションを与えてもらいたい。

●あなたにもできる

もしあなたが従業員や自営業者で、望んだような経済的な安定が得られないと心の奥底で感じたことがあるなら、他の選択肢がある。あるいはもしあなたが投資で損をしたのなら、それまでと同じようなアドバイスにうんざりして、自分はいったい引退できるのか、家族ともっと多くの時間を過ごせるのか、経済的な自由への道は開けるのか、などと思い悩んでいることだろう。本書には、金持ち父さんの教えに従い、経済的成功への自分の道を見つけた人々のサクセス・ストーリーがあふれている。

あなたも、あなた自身のサクセス・ストーリーを作り出すことができるのだ。

経済的成功へとつづく、あなた自身の道が見つかりますように。

第一部……ゲームの仕方

経済的な安定を手に入れたければ、お金というゲームについて知らなければならない。私はそのゲームを金持ち父さんから学んだ。そして、そこから『キャッシュフロー』というゲームを作り出した。ゲームを楽しみながらくり返しプレーし、行動することで、お金に関するスキルを学ぶことができる仕組みだ。そんなユニークなアイディアによって、このゲームは特許を得ている。ゲームをする人は、問題に直面し、学び、金持ちのように考えることを求められる。この章に執筆してくれた人たちは、『キャッシュフロー』を通じて経済的な成功を手にしたと述べている。

他のボードゲームでは、勝つためにはひとつの方法しかなく、しかもそのゲームをしているときにしか勝つチャンスがないが、『キャッシュフロー』には後になってもずっと続く教えがある、と彼らは言う。そしてゲームに参加するたびに、お金に関するスキルだけでなく、自信も身につけていった。彼らは、カードを使って新しい投資方法について考える。毎回異なるカードが配られ、新しい選択肢を与えられるたびに、キャッシュフローを生み出す投資を始めるための新たな情報が得られるのだ。

カリフォルニア州に住むエドとテリー・コールマン夫妻のやる気を引き出したのは、不動産についてのカードだった。経済的安定を目指して彼らが歩んだ道のりには、多くの人が共感を覚えることだろう。彼らのように一九六〇年代を生きた人なら、やはりヒッピー文化の影響を受けて、経済的な成功を目標にすることなど考えられなかったにちがいない。たしかに、当時目標とされたのは正反対のこと、つまり自由な生き方、お金への無関心、自分のための人生といったことだった。将来を見据えることなど、時間の無駄としか考えられなかったのだ。

エドとテリーは、かつてお金に対してどういう考えを抱いていたか、驚くほど正直に語ってくれる。同世代の多くの人と同様に、彼らも時代の波に流され、お金を軽視していた。そして稼いだお金は使ってしまった。将来のために計画を立てることなど、考えもしなかった。(少なくとも、文章の中で触れられているように、息子ジェイクが生まれるまでは。)

経済的な計画を立てる必要があることに気づいた彼らは、さまざまな選択肢を検討し始めた。うまくいったものもあれば、いかなかったものもある。だが、二人はあきらめなかった。経済的自由への道を見つけるために、学び続けたのだ。しだいに、不動産投資によって素晴らしいチャンスが得られることがわかってきた。彼らが何をどのようにして、小さなステップを積み重ねてだんだん大きなステップを踏んでいったかは、本書で語られているとおりだ。

この本を手にしたあなたがベビーブーマー世代で、自分のお金について理解できないうえに新しい生き方を学ぶには遅すぎると考えているなら、コールマン夫妻の言葉に耳を傾けてほしい。金持ちになるために気持ちを切り替えるのに、遅すぎるということはない——特に、その方法を見つけたのであれば。

だが、もしあなたが三十代で、多額の負債を抱え、経済的安定を手に入れることはできるのだろうかと心配しているなら、トレーシー・ロドリゲスの文章を読んでほしい。自己破産を余儀なくされた多くの人と同様、トレーシーと夫が置かれた状況は良くなかった。一生懸命仕事をしていたのに、経済的には難しい状況だったのだ。彼らにとって、経済的な安定は会社をもつことで生まれたが、それもやはり『キャッシュフロー』のカードを通して思いついたことだった。

あるいは、あなたは五十代で、自分はキャッシュフローを生み出すような投資には向かないと考えているかもしれない。この年代の人々が「私には遅すぎる」とか「そんなことをするだけの元気はない」とか「自分を変えるには年をとりすぎている」などと否定的なことを言うのを聞いたことがある。もしあなたもそう考えているなら、ものごとの見方を変えることについてセシリア・モリソンが書いていることを読んでほしい。なぜなら『キャッシュフロー』のカードによって投資意欲をかき立てられたセシリアと夫のジョージには、引退後はキャッシュフローが安定して流れ込むことになるからだ。

エド、テリー、トレーシー、セシリアがどのようにしてそれぞれの経済的な生き方をコントロールできるようになったかという物語は、彼らがどうやって現実と折り合いをつけ、選択をしたかを教えてくれる。彼らが行った判断――今でもさまざまな判断をしつづけているが――を知るのはわくわくすることだ。彼らは経済的な安定を達成しただけでなく、人生というゲームにおいても勝利者となったのだ。

第一章……

お金は重要だ

エドとテリー・コールマン（カリフォルニア州ベニス）

もし一九六〇年代に自由主義者だった人が二十一世紀になって不動産所有者に変身するという映画を見たら、きっと私たちはそれがたんなるハリウッド製ファンタジーだと思い込んだことでしょう。でも、これは実話なのです。私と妻のテリーは、今から三年前に不動産を買い始めました。今では三つの州に八戸の家を持ち、百万ドルを超える資産があります。

私たちがどうやってそれまでの考えを変え、経済的に行き詰まっていた状況から行動を起こしたかは、深い部分で、私たちの世代の多くがどうやって変わったかという物語でもあるのです。

●シーン1　お金の重要性に気づくまで

不動産購入を始める前の私たちの状況は、そう驚くほどのものではありません。家でお金の話をすることはめったになかったので、お金に関する情報はもちろん、トレーニングなど受けたこともありませんでした。両親は私のことを、お金に関してはまるっきり無責任な人間だと考えていました。なにしろ、入ってくるお金を端から使っていたのですから。反対に、一番下の妹は「責任感があって」、いつも貯金していたものです。

私の両親は良い教育を受けることが大切だと考えていました。でも、良い教育を受けなければ、きちんとした仕事に就いてその後の人生に備えることができないのだということは教わりませんでした。教育を受けるのはしっかりした人間になるためだ、というのが両親の考えだったのです。妹は大学を卒業しましたが、私はアンティオク大学を三年で中退してしまいました。

私がカリフォルニア州で子供時代を送っていたころ、テリーは国の反対側のニューヨーク州で暮らしていました。とはいえ、彼女はその後カリフォルニアにやってきて短期大学を卒業しています。私たちは一九八〇年に出合い、八七年に結婚しましたが、二人とも六〇〜七〇年代のヒッピー的な考え方を変えることはありませんでした。

私たちは、お金についてある信念をもっていました。つまり、「きたならしい資本家の豚ども」のお金など重要ではない、というものです。私たちの世代の多くは、お金になど関わるべきではないと感じていました。請求書の支払に追われる暮らしが当たり前で、金持ちになろうなどという野心とは無縁だったのです。「フリーラブ」こそが、私たちの世代の通貨でした。会計のことなど何も知らず、学ぶ気もありませんでした。

今から十五年前、私たちは三十代で、映画関係の仕事をしていました。私はアシスタント・カメラマンでしたが、その仕事に就いたのは偶然だったといっていいでしょう。フリーランスのカメラマン兼監督だった父から、やってみる気はないかと尋ねられたのです。私はグラフィックアートと写真を勉強し、ちょうどぶらぶらしていたこともあって、その気になりました。それが素晴らしいチャンスだとか、望むキャリアに進む道だなどという考えはありませんでした。私にとって、仕事はお金を稼ぐためのものでしかなかったからです。

ある日、私が仕事をしていたセットにやってきたテリーは、メークアップ・アーティストの仕事のできばえにすっかり感心してしまいました。そして彼女自身がメークアップ・アーティストになり、手のモデルの仕事もしました。

コマーシャルの仕事がかなりあったので、私たちは旅をしてはホテルに泊まり、かなり派手な暮らしを続けました。もちろん、仕事は契約ベースで、一日十五時間の労働が月に十日間、ときには二十日間も続くこともありました。でも、それ以外の時間は好きなように過ごせました。海へ行くこともありましたし、テニスがしたければテニスをしました。お金は使うためにあったからです。私たちは先のことなど考えず、楽しく暮らしていました。

それは表面的には「自由」で格好いい生き方でしたが、十四年前に息子のジェイクが生まれると、現実は一変しました。息子の誕生で、私たちは目を覚ましたのです。それまでは将来に向けたプランもなく、十年後、二十年後に自分たちに――息子にはなおさら――何が起こるかなど、考えたこともありませんでした。なにしろクレジットカードの借金が一万ドル以上あるのに、貯金は五百ドルにも満たないといった具合だったのです。将来の目標もなければ資産もなく、何かに投資しているわけでもなく、自分たちが今いるひどい状況から抜け出す方法もわかりません。私たちはただ、「どうしたらいいんだろう？」と自問するばかりでした。

私が外で働く間、テリーが家にいてジェイクの面倒を見ました。残念なことに、私のスケジュールはめちゃくちゃで、ときには何週間も家を空けることもありました。大きくなったジェイクが、私が不在のときに「パパはどこ？」と尋ねるようになると、自分たちが袋小路にはまり込んだような気持ちになってしまいました。でも、映画の仕事を辞めることはできません。それが私の専門でしたし、誰かに雇われて他の仕事をすることなど、想像もできなかったからです。何かを変えなければいけないことはわかっていましたが、いったい何から始めればいいのかがわかりませんでした。

私たちは成長すべき時を迎えていたのです。

●シーン2　ビジネス・トレーニング

始まりはこうです。一九九二年には、テリーも私も将来の経済状態を良くするために行動を起こすこと、つまり何か新しいことにトライするための心の準備ができていました。

これぞカリフォルニア、というように晴れ渡ったある朝、私は公園でジェイクをブランコに乗せていました。もう一人、同じように子供をブランコに乗せている父親がいました。この時点で、この日はすでに普通とは違う一日でした。というのは、ウィークデーに二人もの父親が子どもを公園で遊ばせているなど、とても普通のことではないからです。

私はもう一人の父親と話を始めました。彼は、ネットワークビジネスのアムウェイを仕事にしているとのことでした。後になってわかったことですが、彼の活動拠点はハワイだったのです。テリーも私もハワイが大好きです。テリーは彼に会って彼とハワイとの関係を知ると、感激してしまいました。それで私たちは、ネットワークビジネスをすれば、またハワイへ行けるにちがいない、と考えたわけです。実際には、それよりはるかに多くのことをすることになるのですが。

私たちは自分たち自身のネットワークを築き始めました。しかし、多くの人をディストリビューター（販売員）として自分たちのダウンライン（系列）にすることはできませんでした。とはいえ、このビジネスを始めたことで、非常に重要なことを学びました。ビジネスを始める準備ができたそのときに、ビジネスの方法を学ぶことができたわけですから。ビジネスの進め方のトレーニングセミナーやビジネスプランのプレゼンテーションに関する勉強、セールストレーニング、そして自己啓発や成功哲学についてのブックリストなどのおかげで、私たちは多くのことを学び、人間的に驚くほど成長することができました。また成功した人々と交わることで、彼らからいろいろなことを教えてもらいました。億万長者たちが教えてくれた英知のおかげで、私たちはそれまでの思いこみの殻を破り、経済についての偏狭な考え方を捨てることができたのです。お金をどう使うか――それに加えて、お金の世界がどう動くか――を知ることは、心が大きく広がる経験でした。

特に役に立ったのがブックリストです。『バビロンの大富豪』からは、自分たちがこれまでお金をどう扱ってきたかに目を開かされました。この本を読んでから二年間でクレジットカードの借金を完済し、数千ドルを貯金しました。『人を動かす』も、私たちに多くの影響を与えてくれた本です。この本からは、人々とうまくつき合う方法を学びました。

適切なときに適切な場所にいること——私の場合は、公園のブランコでした——が、ビジネスのトレーニングになるのです。私たちは経済に関する勉強の第一段階を終えました。さて、次は何をしたらいいのでしょうか。

●シーン3　ビジネスを立ち上げる

今から六年前、私はサービス会社を起こしました。社員は、契約社員が六人。製作会社と契約して、映画フィルムをビデオテープにする作業をチェックするビジネスです。パートナーと一緒に始めましたが、二〇〇〇年の春に権利を買い取りました。資本金がなかったので、最初の四年間は自宅の小さなベッドルームをオフィスに使っていました。コンピュータ、ファックス、携帯電話、それからポケットベルさえあれば、仕事は始められるものです。できるだけ予算を低く抑えたかったので、この仮オフィスで充分でした。電話の対応には、二十四時間電話対応サービスを使いました。実際に誰かが電話に出て私の会社名を名乗り、メッセージを受けとって私のポケットベルを鳴らします。私はその相手に直ちに電話を返すという仕組みです。私はセールスから請求書の作製および発送、スケジュール管理、社員のトレーニング、クリスマスカードの発送まで、あらゆることを自分でしました。それに作業のチェックの大部分も、私がしていました。これらをすべてこなすのは、相当に大変でした。

二、三年前にパート従業員をひとり雇い、請求書の作製発送やデータ入力といった毎日の作業を任せることにしました。ただし、作業のチェックをする社員がいても、スケジュール管理や人事、経理などに関する日常的な意志決定の多くは、私が行わなければなりません。何よりもよく耳にした質問は「〇〇はどうしたらいいですか」というものでした。

ドットコム産業の発展により、限られた広告費を効率良く使うことができました。ビジネスがうまくいったので、株価の急上昇の波に乗るべきだと考えました。

●シーン4 『金持ち父さん 貧乏父さん』と出合う

私の曾祖父母が亡くなって数千ドルの遺産が入ったので、それで投資信託を買いました。そして五年前に、ようやく自分たちの経済的な運命をコントロールできるようになったと考え、投資信託から株式に買い替えました。

「投資」の最初の二年間、ポートフォリオは私たちが何を買おうが関係なく、順調に増えていきました。全体で三十パーセント増えたときもあったほどです。三年間で、IRA（個人積立退職年金）の口座を五つもち、資産は合計八万ドルになっていました。私たちはろくにリサーチもせずに、堅実で信頼できる会社を選んで投資していると思い込んでいました。AT&T、デルコンピュータ、ゼネラルエレクトリック、デュポン、コダック、ゼネラルモーターズ、バークシャー・ハサウェイ、マイクロソフト、ルーセント、ワールドコム、それ以外にも、もっと小規模でリスクの大きい会社の株式ももっていました。

ひとりよがりの投資に満足していた私は、ポートフォリオの中身を充分に把握していなかったばかりか、投資先の会社から送られてくる経営状態の報告書もきちんと読んでいませんでした。また、株式投資のリスクを最小限に抑えるための教育――たとえばトレーリングストップ、つまり一定の価格以下になったら自動的に売るというシステムも使っていませんでした。正しい情報や見通しを与えてくれるアドバイザーもいなかったので、お金も私たち自身も不安定な状態にあったのです。

二〇〇〇年に株価が大きく下がり始めても、注意を払いませんでした。数か月後にポートフォリオに目を通すと、資産はなんと三十～四十パーセントも目減りしていました。それでも私はなにもせず、市場が回復するのをただ待っていました。すべきことをしないで、手持ちの株式を長期的に持ち続けるというやり方にしがみついていたのです。これは大変な間違いでした。

今や、私たちの株式の総額は四万六千ドルで、ほとんど五十パーセントもの損失です。この経験から、私たちは大切なことを学びました。どんな投資であっても、成功するためには正確かつ最新の情報を得ながら常に状況を追っていなければならない、ということです。そして、信頼できるアドバイザーを雇うことも欠かせません。

ことわざにあるように、学ぶ用意ができると先生が現れるものです。

四年前に友人の家を訪問したとき、キッチンのカウンターに置かれていた『金持ち父さん　貧乏父さん』が目に入りました。実を言うと、私自身はすぐには反応せず、見たとたんにピンときたのはテリーの方だったのです。彼女がこの本を買ったので、私たちは読み始めました。

三年前には『キャッシュフロー101』をしながら勉強を始め、VA（退役軍人庁）が主催する抵当流れ物件購入セミナーを受けました。セミナーでは不動産ブローカーやエージェントが、受講者がこれらの物件を購入する手伝いをしてくれます。どれもスモールディール（小額の取引）でした。収支内訳を見ると、ちょうど『キャッシュフロー101』のスモールディールのカードと同じです。そこで、私たちはこう考えました。「スモールディールのカードと同じだ。これならキッチンで何か月もやってきたぞ。実際にやってみよう」

●私たちのやり方

私たちはセミナーで教えてもらった情報をもとに、インターネットで不動産を探し始めました。VAの抵当流れ物件の取引は入札制になっていて、最高額の入札者が物件を購入できます。また、ローン金利も事前に設定されています。金利は従来通りの三十年の固定金利で、審査にパスするのは簡単でした。私たちが不動産を買い始めた頃の金利は八パーセントでしたが、その後六パーセントまで大きく下がりました。

初めのうちはフロリダ州南部かアリゾナ州フェニックス周辺の物件を探していたので、パームビーチとフェニックスのベッドタウンであるポートセントルーシーの不動産業者に連絡を取りました。私たちの希望は、現金の支出を最低限に抑えることと、この二つの州で探すことです。（VAの要項では、二つの州で基準が少し異なっていました。たとえば、不動産購入に必要な頭金はフロリダ州では千ドルですが、アリゾナ州では入札額の五パーセントです。）

フェニックスの不動産業者から送られてきたVA物件の資料には、写真、購入費用の内訳、業者が提案する入札額、手数料、諸経費、税額、保険料、修理費の見積、キャッシュフロー総額が含まれていました。フロリダの業者も、ウェブサイトに同様の情報を掲載していました。

私たちは物件をいくつか検討して、数字を分析しました。それから金融電卓を使って（文房具のチェーン店ステープルズで五十ドルくらいで買ったものです）、計算しました。キャッシュフローを黒字にするには、入札の際に最高でいくらまで出せるかを決めるためです。気に入った不動産があれば、計算に基づいた金額で入札します。落札できればそれでいいし、もしできなくても、それ以上の金額を投資するつもりはないので、それでいいというわけです。

何度か失敗した後で、私たちはついに物件を落札しました。ポートセントルーシーにある3Br／2Ba（寝室三つ浴室二つ）の一戸建て住宅で、価格は九万八千ドルです。金融機関での信用に問題はなかったので、すんなりとローンを組むことができ、預金と株式の売却益から修理代、頭金、不動産購入に伴う諸経費を支払うことができました。家の修理に数週間かかりましたが、不動産業者が見つけた借家人が三十日以内に入居することになりました。次ページにあげたのがこの物件の収支内訳です（物件1）。

たしかに、月々三十三ドルの支払があることを考えれば、この投資は失敗だったかのように思えます。というのも、これほど大きな時間とエネルギーを使っているのに、キャッシュフローが生まれないのですから。しかし私たちにとっては、これが経済的な独立への道でした。**私たちが所有する不動産に対して、借家人が**

家賃を支払うという事実には、疑いの余地がないのです。最近になって金利六・一二五パーセントのローンに借り換えたことで、月々のローン支払額が五百七十九ドルになりました。そのため、月々のキャッシュフローにも変化がありました。（改善後の数字を見てください。）

この家を購入したのは二〇〇〇年十月です。その頃には、ポートセントルーシーの物件は高騰しはじめていました。この家の最近の評価額は十二万六千ドルですから、価値が二十八パーセント上昇したことになります。つまり最初に投資した七千九百ドルで、二万六千ドルのエクイティを手に入れたわけです。もし今この家を十二万六千ドルで売却したら、年間のキャッシュフローを除いても収益率は三百二十九パーセントになります。

「すごいぞ。また同じことをやろう」と私たちは話しました。そして、同じプロセスをくり返したのです。なにかとてつもなく素晴らしいことが起こっていました。収入と紙の上の「資産」を本物の資産に変えてキャッシュフローと純資産を生み出したことで、私たちはまったく新しいやり方で人生をコントロールできる

●物件１の収支内訳

購入価格	$98,000
物件への現金投資額	
頭金	$1,000
購入諸費用	$3,000
修理/改築費	$3,900
合計	$7,900
月々のキャッシュフロー	
家賃収入	$1,040
空家によるロス (空家になったことはない)	−$ 0
収入合計	$1,040
月々の支出	
税金（固定資産税）と保険料	$267
修理/メンテナンス	$25
積立金	$25
管理費	$45
ローン支払（30年/金利８％）	$711
支出合計	$1,073
月々の純キャッシュフロー	−$33
改善後の月々のキャッシュフロー	
家賃収入	$1,040
支出	−$941
月々のキャッシュフロー	$99
投資収益率	
年間のキャッシュフロー ($99×12)	$1,188
÷	
現金投資額	$7,900
投資収益率	15%
(預金金利と比べてみてください！)	

ようになったのです。新たな動機をもった私たちははりきって、次の二年間で三つの物件を落札しました。ひとつはテネシー州クラークスビルにあり、二つはポートセントルーシーにあります。

ポートセントルーシーの物件のひとつにはVAの融資がついていなかったので、自分たちで融資方法を探さなければなりません。そこでフロリダの不動産業者を通じて地元の銀行の融資担当者に当たった結果、審査にパスし、通常のローンを組むことができました。金利は六・七五パーセントで、五パーセントの頭金が必要でした。しかしVA保証付きの物件でないために入札者の数が減り、六万六百ドルで落札することができました。3Br／2Ba（寝室三つ浴室二つ）の一戸建て住宅です。収支内訳は次ページ右のようになります（物件2）。

この物件を購入したのは二〇〇〇年十二月です。同じ地区にある同様の物件を基に考えると、評価額は約八万二千ドルになりますが、これでも控えめな試算です。

私たちは今度もインターネットで、VA融資付きの物件でテネシー州にある一戸建て住宅を見つけました。価格は七万八千ドルで、頭金に五百ドルが必要でした。不動産業者は他にもいくつかの物件の写真を送ってきていましたが、今回は借家人を見つけるのに苦労したようです。さらに修理費は予想を上回って三千ドル近くもかかり、固定資産税も見積額より高額でした。そんなわけで、業者が数か月かかって借家人を見つけたときには、この家のキャッシュフローは四十ドルの赤字になっていました。また管理方法も気に入りませんでした。そこで、この家の評価額が充分に値上がりしたら売却するつもりです。一方、この家のキャッシュフローを黒字にする他の方法も考えています。

私たちはフェニックスのもう一件のVA融資付き物件を買うことにしました。今回の購入額は十一万八千五百ドルです。収支内訳は次ページ左のようになります（物件3）。

この物件のキャッシュフローはわずかに赤字だったにもかかわらず、借家人から受け取る家賃で資産の支払をすることができたうえ、諸費用やメンテナンス費は他の不動産からの収入でカバーすることができまし

●物件3の収支内訳

購入価格	$118,500
物件への現金投資額	
頭金	$5,925
購入諸費用	$4,000
修理/改築費	$3,000
合計	$12,925
月々のキャッシュフロー	
家賃収入	$1,050
空家によるロス（5％）	−$52.50
収入合計	$997.50
月々の支出	
固定資産税と保険料	$121
修理費	$0
メンテナンス費	$25
積立金	$25
管理費（家賃の5％）	$52.50
ローン支払（30年/金利8％）	$826
支出合計	$1,049.50
月々の純キャッシュフロー	−$52
投資収益率	
年間キャッシュフロー（−$52×12）	−$624
÷	
現金投資額	$12,925
投資収益率	−5％

●物件2の収支内訳

購入価格	$60,600
物件への現金投資額	
頭金	$3,030
購入諸費用	$3,000
修理/改築費	$5,000
合計	$11,030
月々のキャッシュフロー	
家賃収入	$825
空家によるロス（5％）	−$41.25
収入合計	$783.75
月々の支出	
固定資産税と保険料	$186
修理費	$25
メンテナンス費	$25
積立金	$25
管理費（家賃の5％）	$41.25
ローン支払（30年/金利6.75％）	$375
支出合計	$677.25
月々の純キャッシュフロー	$106.50
投資収益率	
年間キャッシュフロー（$106.50×12）	$1,278
÷	
現金投資額	$11,030
投資収益率	11.6％

た。現在、同じ地区にある同様の物件の価格は十二万八千ドルです。

この物件を見に行ったとき、不動産業者が新しく開発中の住宅地を見せてくれました。私たちはさっそく、建築中の新築物件を一軒買うことにしました。価格は十二万七千五百ドルで、頭金が五パーセント（六千三百五十ドル）です。業者からそこが優良な地区で評価額も値上がりしていると聞いて、買うことにしたわけです。ところが、家が完成してから、管理会社と提携しているこの業者が借家人を見つけるまでの数か月間は、空家のままでした。この経験から、不動産ビジネスで成功するためには管理が鍵であることを学びました。別の管理会社を紹介してもらったところ、この会社は一か月以内に借家人を見つけてきました。この家からの月々のキャッシュフローは七十五ドルです。

最近になってVA融資付きの抵当流れ物件の人気が高まっていることと、魅力的なローン金利のために入札額が上昇したことで、結果としてキャッシュフローが少なくなってしまいました。それどころか、キャッシュフローの見積が黒字ではなく赤字になることもあるくらいです。そこで、不動産から黒字のキャッシュフローを生み出すために、他の選択肢を探すことにしました。フロリダの不動産業者が新築住宅の開発会社と提携するようになったので、昨年私たちは自分たちで資金を集めて新築物件を一戸購入しました。その折、施工者が自らローンプログラムを紹介し、その金融機関のローンを組めば、この3Br／2Baの家の価格を値引きしようと持ちかけてきました。私たちはローンの審査にパスし、施工者の提案を受け入れて、この家を十万二千七百五十ドルで購入し、五パーセントの頭金を支払いました。不動産購入にかかる諸費用三千ドルは、施工者が負担しました。新築物件の良いところは、当然ですが修理費がかからないことです。それ以外にも、メンテナンス費を最低限に抑えることができます。収支内訳は次ページのとおりです（物件4）。

現在、同じ地区にある同様の家の価格は十二万六千ドルです。私たちは今、新築住宅をもう一戸購入しようと考えています。

七つの不動産からの月々のキャッシュフローは、合計で三百二十四ドルです。エクイティは十三万ドル近くになり、最初の現金投資額は購入諸費用と修理費を入れてだいたい六万ドルです。ですから、**平均的な投資収益率は七パーセントですが、この数字には評価額の上昇と節税分は含まれていません。**そして、これがもっとも重要なことですが、**資産の代金は借家人が私たちのために支払ってくれているのです！**　これが、私たちが使っている「魔法」の処方箋です。お金を借りて資産を購入し、誰かにそれを支払ってもらうのです。

●シーン6　経済的自由への道

私たちは金持ち父さんから、不動産が経済的自由への道であることを学びました。そして今でも、次のようなお金の勉強を続けています。

1．不動産の内容を分析して、それが良い物件かどうかを見極める。

●物件4の収支内訳

購入価格	$102,750
物件への現金投資額	
頭金	$5,137
購入諸費用	$1,563
修理/改築費	$0
合計	$6,700
月々のキャッシュフロー	
家賃収入	$1,090
空家によるロス（空家になったことはない）	$0
収入合計	$1,090
月々の支出	
固定資産税と保険料	$350
修理/メンテナンス費	$25
積立金	$25
管理費（家賃の5％）	$54.50
ローン支払（30年/金利6.275％）	$609
支出合計	$1,063.50
月々の純キャッシュフロー	$26.50
投資収益率	
年間キャッシュフロー（$26.50×12）	$318
÷	
現金投資額	$6,700
投資収益率	4.7%

2．不動産投資で長期的な成功を収めるための鍵は、管理にあることを理解する。管理が良ければ、ただでさえ良い物件が素晴らしいものになる。反対に管理が悪ければ、良い物件が普通の物件になり、普通の物件が悪い物件になってしまう。

3．同じような考え方をする人々と交流する。「私にはそんなことはできない」とか「高すぎる」とか「どうしてわざわざそんなことを？」などの否定的なコメントをする人は、やってみないための言い訳をしているにすぎない。そういう人とつき合っても、足を引っぱられるだけだ。

4．融資をしてくれる銀行がどこかを調べる。また融資してくれないのはなぜか、またどんな時なのかを考える。

5．不動産の購入とは、その土地を実際に見て気に入ったから買うといったものではないことを理解する。

私たちは、購入した物件のほとんどを自分自身では見ていません。車を運転していって確かめることができないので、所有してはいても漠然としたイメージしかもっていません。一方、キャッシュフローは確かなものです。

私たちの人生でもっとも大きく変わったのは、リスクについての考え方です。金持ち父さんから学ぶ前は、チャンスをつかむということに対して山登りのような肉体的な挑戦といったイメージしか抱いていませんでした。今や、私たちは行動しないことこそリスクであると考えています。堂々巡りを続け、自分でコントロールできない投資にお金を注ぎ込むことは、正しい装備もなしに山を登るのと同じくらい向こう見ずな行為なのです。

もう一つのとてつもなく大きな変化は、物事を先延ばしにしがちだった癖がなくなったことです。私はすべきことを、たとえ気が進まなくても実行することで、怠惰な自分と戦っています。サービス業を始めてからの四年間は、人々が私の方へ寄ってきました。今では、私の方が人々を積極的に追いかけなければなりません。知らない人に電話をかけるのは好きではありませんが、仕事と不動産投資のためにはそれが必要なのだと理解しています。

時間の不足と、自分は目標を達成するために素早く行動できないのではないかという不安を克服することは大変でした。しかし、金持ち父さんが複雑な概念を嚙み砕いてわかりやすく説明してくれたおかげで、冷静に考えることができました。そしてお金の勉強を続けるうちに、自分たちの目標を達成できることがわかったのです。

私はまだ、キャッシュフロー・クワドラントのうちSのクワドラントにいます。私自身は会社の業務に携わる必要はなくなりましたが、私がいなければ会社は成長できないでしょう。実際のところ、常に気をつけていないと縮小してしまう傾向にあるのです。現在、私たちはBクワドラントへ移行するための方法を模索しているところです。一つの可能性として、設備のライセンスを他の都市で販売する方法があります。不動産投資を発展させ、チェックするための自由な時間を得るためには、会社がそれ自体で回っていくことが必要です。

来年中には初めての集合住宅を自分たちで、またはパートナーと共同で購入する計画を立てています。五年後の目標は、月々の所得を一万ドルにすることです。それが実現したら会社から身を引き、ラットレースから正式に抜け出すことができます。もう、月額千ドルの社会保険に頼らなくてもいいのです。何百万ドルもの価値のある不動産が、生涯お金を生み続けてくれるのですから。

●エンディング

以前の私たちは、そのときどきの状況に対処するのがやっとで、しょっちゅう将来について不安な思いを抱いていました。現在では、将来についてはわからないことが多くても、何が起こるか、そしてそのためにどう準備すべきかについて、以前よりもずっと建設的に考えるようになりました。現在は旅の途中で、成功することは、目的地に向かう段階のひとつに過ぎないと感じています。そしてお金についての知識が増えているという確信が強まるにつれ、自分たちや息子のために良いことをしているのだと考えるようになりました。現実の最終目標は経済的自由であり、それはどんな映画の結末よりも満足のいくものにちがいありません。

私たちは、自分たちを誇らしく思っています。振り返って考えれば、これまで多くを学び、毎日学び続けてきました。すでに達成したこともいろいろとありますが、これからすべきことの計画もたくさんあることに改めて気がつきます。若かった頃の何も知らなかった自分たちとは違い、世の中の仕組みを知るために自分たちの意志でものごとを決め、変化を受け入れ、経済的に自立するための責任を取ってきました。そして、ラットレースからの引退については、以前よりもはるかに気楽に考えられるようになりました。

私たちはいつも、自分たちはとても豊かなのだと感じて生きてきました。そんな考えに、資産がようやく追いついたのです。

第二章……

私たちのビジネス

トレーシー・ロドリゲス（アリゾナ州フェニックス）

今から十年前、まだ二十代だった私と夫は自己破産を申し立てなければならなくなりました。それは恐ろしく、また非常に不快な状況でした。八か月の間ずっと、督促の電話が一日に二十件もかかってきたのです。そんな状態から、どうやって不労所得を得るまでになったかを説明するには、二つの対照的な話をしなければならないでしょう。ひとつは、コントロールがきかなくなった私たちの状況についての話。もうひとつは、金持ち父さんのおかげで、自分たちで状況をコントロールしようと決めた話です。

夫のデビッドと私は三つのビジネスをもち、そのどれもが成長し続けています。そして賃貸用不動産もあります。私たちは素敵な家に住み、高級車を持ち、家族や友人たちから、以前よりも尊敬されるようになりました。

●よくある話

私はカリフォルニア州サンディエゴで育ちました。当時は知らなかったのですが、家族は給料日から次の給料日までをなんとかしのいでいるような暮らしぶりでした。私たちが暮らす素敵な家では、誰もお金の話をしませんでした。両親は離婚していて、私は母と消防士をしている義父と一緒に暮らしていました。ティーンエイジャーのときは知りませんでしたが、産婦人科医のオフィスで働いていた母は給料日ごとに二十ドルずつ溜めていたのです。高校の新学年が始まるころになると、母は決まって三百ドルものお金を洋服代としてくれたものでした。義父がボーナスをもらうクリスマスの時期には、お金をたくさん使いました。でも、それ以外の時期はずっとお金がなかったので、何かとお金のかかるチアリーダーになるのを諦めなければなりませんでした。

高校を卒業すると、私は自分で自分の道を切り開いてみたいと考えました。でも、デビッドと結婚したことで、そんな考えは脇に押しやられてしまったのです。

一九九一年には、二人とも一年じゅうスキーリゾートで働き、楽しく暮らしていました。それまでになかったほどお金を稼ぎ、ジェットスキーや派手な車を二台も買ったりしました。ところが、その後一時解雇《レイオフ》されてしまったのです。ネバダ州リーノーで次の仕事を見つけたものの、稼ぎは減り、請求書の支払に追われるようになりました。

私は一九九二年に妊娠しました。そして医師の指示で三か月間自宅で安静にしている間に、働いていた会社を解雇されてしまいました。感謝祭の前日に、娘が未熟児で生まれました。医療費や以前からの借金などで、借金はたちまち五万ドルを超えるようになりました。他に方法がなかったので、ジェットスキーと二台の車を売ってお金に換えるしかありませんでした。それから自己破産をしました。二十四歳のときのことです。

そうなっても、私はまだ、いつか自分の道を切り開くという夢をあきらめずにいました。職業訓練を受け、美容師になると同時に、下着の販売を始めました。デビッドも働きました。そして、子供がもう一人生まれたのです。

表向きは、私たちは家族として責任をもち、子供たちをきちんと育てていました。でも心の中では、自分から人間らしさが失われてしまったような気持ちでした。この時期は「いったいどうやったらまた何かに立ち向かえるようになるのだろう?」と自問するたびに、どうにも暗い気持ちになってパニックを起こしそうになる瞬間があったものです。自己破産の事実は、十年間も私たちにつきまといました。

それでも、私たちはあきらめませんでした。一九九三年にネットワークビジネスに加わり、一九九六年には自分たちでネットワークビジネスを始めたのです。でも、ビジネスの進め方やその後起こることになるすべてのきっかけとなったのは、二〇〇一年にネットワークビジネスでのよき師《メンター》から「金持ち父さん」シリーズの本を紹介されたことでした。

●赤字が黒字になる

『金持ち父さん　貧乏父さん』を読み始めたとき、私はアリゾナ州ノース・スコッツデールにあるリゾートホテルのバーでマネジャーをしていました。そこで、この本をバーに持ち込んで、飲み物を作る合間に読みました。私が達成したいと願いながらその方法がわからずにいたすべてのこと――会社を持つこと、金持ちになること、個人的な自由を手に入れること――が、そこに書かれていたのです。目標を達成するためにぴったりの教育が、私の手の中にありました。

私はフェニックスのコンベンション・アンド・ビジターズ・ビューローの会員だったので、ロバートとキム・キヨサキ夫妻のセミナーに参加する機会がありました。二人は親切にも『金持ち父さんの若くして豊かに引退する方法』にサインしてくれ、自分たちのオフィスで開かれる『キャッシュフロー101』のゲーム会に招待してくれました。びっくりしましたが、ありがたく招待を受けることにしました。

この新しい情報を手にした私は、自分の人生に新しい目を向けることになりました。それまでは、なんとか困難な状況を乗り越えていただけでした。体を動かすだけのエネルギーもなくて、ただ椅子に腰かけてぼんやりしていたことも一度ならずありました。

しかし今では、必要とするときにはいつも私を勇気づけてくれるものがあることに気がついたのです。前に進みたいときにはいつでも、ロバートの本が知識を与えてくれ、案内役となってくれます。それを知ったことで、私は大いに自信をつけ、自分で作り上げていた三つの壁を乗り越えることができました。つまり、高い教育を受けていないことが足を引っ張っているという思い込み、変化を生むための時間などないという考え、他人からどう思われるかという恐怖心です。私は、ロバートが挙げた、臆病風、怠け心、悪い習慣、傲慢さ、そしてとくに恐怖心といった障害をすべて乗り越え始めました。

それまでの私はいつも、物事のやり方を心得ているように見られたがり、間抜けだと思われないよう願っていました。だから、「うまくやれるだろうか」と考えながら電話をかけてアポイントを取りつけることが恐ろしくてなりませんでした。失敗することへの恐怖は、何よりも悪いものです。しかし今では、そうした恐怖心も薄れつつあります。自己破産の影響も薄れてきました。私は月々の不労所得を生み出すビジネスを買い始めました。

●私のやり方

二〇〇二年に手に入れたアイスクリーム販売ビジネスは、月々千五百ドルのキャッシュフローを生みました。現在はトロピカル・アイシー・トリーツ社とスノーコーン社の製品を売っていますが、事業を拡大して他のお菓子も売る計画を立てています。

私がこのビジネスを思いついたのは、二度目に金持ち父さんのオフィスで『キャッシュフロー101』をしたときのことでした。ラットレースから抜け出したときに使ったカードの一枚に書かれていたのです。私はなるほどと思い、その週のうちに新聞を調べたところ、うまいことにこのビジネスが売りに出ていました。その広告を見るやいなや、それには二つの意味で価値があることがわかりました。私はビジネスを展開できるし、家族も喜ぶことでしょう。

資金を集めるためにまず、最初の一年間は金利二十パーセントで融資してくれないかと売り手に持ちかけて、合意を得ました。ところが、たまたま不動産投資をしているメンターにその話をしたところ、彼のロスIRAの口座からお金を貸してくれると言うのです。私たちが購入したビジネスの価格は五千ドル、二十パーセントの固定金利で、一年間にわたって毎月五百ドルを返済することになりました。返済額の合計は、一年で六千ドル。オーダーメイドのアイスクリーム・スタンドを注文したので、できあがるまで三週間ほど待たなければなりませんでした。その費用も、五千ドルの購入価格に含まれています。

今のところ、デビッドと私とですべてをやっています。これまでにフェスティバルや手工芸品のフェア、郡で開かれる品評会などに出店しました。その他にも、アヴォンデール市と契約して、ある公園で――フリーダム・パークという名前が気に入っています――毎週火曜日、水曜日、木曜日の夜にスナックを販売しています。

目標は、このビジネスを一年間続けて、現在はアリゾナ州内でしか免許のないこのビジネスの収支を見極めることです。（免許を受けるのにかかる費用は、カートの費用に含まれていました。）ビジネスがうまくいきそうなら、その時点で人を雇うつもりです。

アイスクリーム・スタンドの経営を始めて四か月になりますが、毎月千ドル以上の収入になっています。月々の所得は五百ドルですが、それは毎月五百ドルのローン返済が残っているためです。備品にかかる費用は最低限に抑えています。十四セントで仕入れたアイスクリームの販売価格は三ドルです。現在では複数のイベントに登録しているので、収入はもっと増えるでしょう。

次に始めたのは、薬の自動販売ビジネスでした。二〇〇二年九月に友人と共同で購入したもので、やはり『キャッシュフロー101』をしていて思いついたものです。アスピリンや急に必要になることのある日用品などを売る販売機を公衆トイレに設置するビジネスについて、二人ともピンときたのです。そんなビジネスもあるのかとわくわくしながら実際に自動販売機を見ると、まさに私たちが求めていたものでした。それに、ちょっと普通とは違うところが大いに気に入りました。

私たちはこのビジネスのブローカーと会い、どういう自動販売機を置けばビジネスとして成功するかを考えました。そして売り手からできるだけ多くの融資を取りつけることと、自動販売機を最低価格で購入することを目指して、いくつかの会社と連絡を取りました。

最終的に、インターネットで見つけた会社から、二十台の自動販売機を二千六百ドルで購入することに決めました。ブローカーが提示した価格よりも、一台につき百六十ドルも安かったからです。幸運なことに、私の友人の親戚がこのアイディアを応援してくれ、五千ドルをくれました。（これは本当のプレゼントで、返済しなくてもよかったのです。）残りの二千四百ドルで備品を揃えました。

自動販売機の設置場所は、慈善活動をすることで確保しました。チャイルド・クエスト・インターナショナル・サービスという団体と提携したのです。この団体に毎月寄付をして行方不明の子供の写真シールを受け取り、自動販売機に貼ります。そして商品の仕入れ先の会社に、売上の一部をこの団体に寄付することを伝えると、仕入れ先は私たちの貢献に対して三十センチメートル四方の空間を無償で提供してくれるという仕組みです。

自動販売機を入手して商品を用意するのに、六十日間ほどかかりました。その後、商品を正しく入れていなかったことがわかり、すべての自動販売機に商品を入れ直すのに、しばらく時間がかかりました。とはいえ、これで自動販売機は設置され、ビジネスが動き始めました。調べてみると、自動販売機一台につき、少なくても毎月七十五ドルの収入になることがわかりました。友人と私は、二週間ごとに商品を補充しています。今のところ、自動販売機を設置しているのは地元だけですが、将来ビジネスを拡大するかもしれません。そうなったら、人を雇って商品の補充を任せるつもりです。

ビジネスを手に入れる前に、私たちは持ち家を投資に回しました。一九九八年に八万九千ドルで購入した家を、二〇〇一年に賃貸したのです。百十平方メートルある3Br／2Ba（寝室三つ浴室二つ）のこの一戸建てのおかげで、毎月不労所得が入ってきます（物件5）。

同じ地区にある同様の家の販売価格は、十一万ドルから十一万九千ドルです。

私たちは自宅のローンを完済するために自分のお金を使ったりしません。つまり、自宅のある地区は評価額が急速に上がっているので、この家を人に貸すことにしたのです。そうすれば、家を所有したまま家賃収入を得られますから。それに、借り手が決まるまでは自宅として住んでいられるので、焦ることもありませんでした。借り手が決まるまでに六十日間かかり、その後は新居が用意できるまで友人のところにいました。最初の借家人は一年契約で、契約期間が終わると退去しました。その翌月に新しい借家人が入居し、今でも住んでいます。自宅を貸したことについて、私たちにはなんの後悔もありません。実に簡単なことだったし、ありがたいことに借家人も素晴らしい人たちです。

最後に、私たちは自分たちのネットワークビジネスの会社を設立しました。実際に始めたのは一九九六年ですが、まったく新しい方法をとることにしたのです。二〇〇二年の粗利益は約一万二千ドルでした。金持ち父さんから学んだことを実行する前の年間収益が千ドルくらいだったことを考えれば、素晴らしい発展です。ビジネスとはより多くの収入を生むための道具だということを理解したことで、成功を目指す気持ちが強くなったのも理由のひとつです。家族や友人、知らない人までもが口を挟んできましたが、私は以前のようには耳を貸しません。さらに、ビジネスに対する考え方を変えるために、次の三つを自分に言い聞かせて

●物件5の収支内訳

購入価格	$89,000
物件への現金投資額	
頭金	$0
購入諸費用	$308
修理／改築費	$0
合計	$308
月々のキャッシュフロー	
家賃収入	$950
月々の支出	
税金(固定資産税)と保険料	$124.84
HOA(住宅所有者協会)会費	$10
ローン支払(30年／金利7.375%)	$618.75
支出合計	$753.59
月々の純キャッシュフロー	$196.41
投資収益率	
年間のキャッシュフロー($196.41×12)	$2,356.92
÷	
現金投資額	$308
投資収益率	765%

います。

「恥ずかしいことはなにもない」

「私は、反対意見ばかり口にする人たちがしないことをしている」

「私は必ず成功する。今はその途上だ」

●新しい考え方

私たちの人生はすっかり変わりました。私の考え方は、以前とはまるで違っています。かつては、リスクとは「どれだけ損をするか」だと考えていました。今では、リスクについて「リスクを減らすために、何を知るべきなのだろうか」と考えています。

さらに、バランスシートを前とは違った目で見るという新しい習慣も身につけました。収益と損失を紙に書き出すことで、自分たちの行動が正しいかどうかを考えられるようになったのです。バランスシートを見ると、自分たちの将来が見えるようで、わくわくします。そして、将来のビジネスのために専門家チームを作りました。メンバーは不動産ブローカー、税金に詳しい弁護士、会計士、マーケティング担当者、不動産投資家です。私は、このチームのアドバイスを信頼しています。たしかに現在のところは彼らと毎月会議を開くほど自分が立派に成功しているとは思えませんが、将来はきっとそうなるでしょう。

●現在の安定

九月十一日の同時多発テロ以降、リゾート産業は大打撃を受けました。私の知り合いの多くもレイオフされたり、職は失わずにすんでも収入が激減して家計の帳じりを合わせるのに四苦八苦したりしています。でも、私たちの状況は違います。これまでに学んだことのおかげで、順調にいくでしょう。二〇〇二年には、多くの人がじっと息を潜めて気を揉んでいる間に、私は二つのビジネスを始めました。他の人々が恐怖を感じていたとき、私は力を感じたのです。自分でものごとを決める能力を得たために、仕事を失う恐怖や、経済面の心配ごとから自由になれたのです。

心の中では、私はいつか経済的に自由になるのだと信じ続けていました。ただ、それを実現するための方法がわからなかったのです。今では自分たちの将来がわかるし、起こることが予測でき、素晴らしい毎日を送っています。

仕事のパートナーたちは、私を見て、自分たちも人生を変えるような選択ができると気づいたそうです。一方、他の人たちは、夫と私は単に幸運だったのだと言います。彼らには理解できないのです。

●将来のこと

夫と私はまだキャッシュフロー・クワドラントのEとSにいます。私は今でも週に三日はバーで働き、たくさんの人と知り合っています。デビッドはビール販売会社のセールスマンです。私たちの目標は、ビジネスの内容を変えて——今のところ、一人も雇っていません——賃貸不動産を経営しつつBやIになることです。

私は五年後に四十歳になります。そのときには、もう二度と他人のために働かなくていいようになっていたいものです。そのために、今後の二年間で、現在もっている会社を発展させようと考えています。それと同時に、ビジネスの展開と不動産投資について勉強するつもりです。その二年がたったら、現在の「昼間の」仕事を辞めます。三年目と四年目には不動産投資に集中するとともに、株式投資について勉強します。五年目と六年目には自分たちがもっているすべてをBとIクワドラントに注ぎ込んで、生涯にわたってキャッシュフローを得られるようにします。そして、自分が学んできたことを社会に還元するのです。

私は自分の時間を使って、子供たちが通う学校で『キャッシュフロー・フォー・キッズ』を教えたいと考えています。子供にとって、お金について理解することは非常に大切です。その知識があれば、自分の人生を変える力をもてるのですから。

私の子供たち（九歳と十歳）は、お金は自分で作り出すものだということを知っています。二人は現在お金について学ぶと同時に、お金を溜めたり人に与えたりすることの大切さも学んでいます。

私たちの人生はすっかり変わり、さらに充実し続けています。それは、人生を自分でコントロールできるようになったからです。これまで、夢をあきらめたことは一度もありませんでした。そして今や、その夢を実現する方法を見つけたのです。

第三章……

遅すぎることはない

セシリア・モリソン（アリゾナ州スコッツデール）

二〇〇二年の秋、私はニューヨーク・シティのマディソン・スクエア・ガーデンで、ロバート・キヨサキとともに満員の聴衆を前に話をしました。普段の私は、何千もの人々に向かって話をすることとは無縁の生活をしています。私はリッチダッド・オーガニゼーションの裏方なのですから。

私が金持ち父さんのオフィスにやって来たのは二週間の臨時仕事をするためでした。私は中西部の製造会社に長年勤めた後、引退してフェニックスに移ってきました。

ここ四年間、私はリッチダッド・オーガニゼーションにパートタイムで雇われ、経理や顧客サービスなどを含めてさまざまな仕事をしてきました。現在ではイベント・コーディネーターとして、ロバートのスケジュール管理やイベントで扱う商品の注文を担当しています。引退の計画は先延ばしになったままです。私はいつもノートを手に、リストを見直したりメモをとったりしています。「この商品はもう届いた？」「ステージはちゃんとできているかしら？」といったふうに。

実を言えば、これまではほとんどいつも、自分の目の前で起こることが耳に入ってきてはいても、本当に注意を払っていたわけではありませんでした。そうした情報は他の人々のためのもので、夫のジョージや私のような普通の人には無縁なのだと考えていたからです。私たち夫婦は五十代の終わりで、独立した大人です。独立が行き過ぎていたため、年金もなければ引退用のファンドもありません。自営のパートタイマーとして、私は自分で自分の勤務時間を決め、被雇用者としての恩恵を何も受けていませんでした。

お金に関してだれよりも保守的な人間を探すとしたら、それは私でした。

しかし、あの夜マディソン・スクエア・ガーデンのステージに立っていたのは、もう一人の私でした。お金について生涯もちつづけてきた考えを変え、経済的な自立に向けて一歩を踏み出すのは、大変なことでした。でも、私たちはそれをやってのけたのです。ある意味では、金持ち父さんの教えを受けなければ、そして新しい知識を得たことで抱いた自信がなければ、決して考えることもなかったはずの方法で。

●私の生いたち

私はシカゴで、ブルーカラーで保守的なカトリックの家庭に生まれ育ちました。両親はポーランドからの移民で、父は鉄工所で働き、母は専業主婦でした。私は九人の子供のうち一番年上です。両親は、私たち全員を高校まで行かせてくれました。お金に関しては、祖母が伝統的なやり方でお金を溜めていたのを覚えています。お金を詰めたコーヒーの缶を裏庭に埋めていたのです。

私は会計係になり、製造会社で働きました。ジョージは大きなコンピュータ会社と契約を結び、独立して仕事をするようになりました。私たちには子供が二人います。私たちはかなりのお金を稼ぎましたが、どんどん使ってしまいました。それでも、貯金すべきだという考えがあったので、貯金は続けました。貯金を崩すときはいつも恐怖に怯えたものです。なぜなら、収入を得られるのは、毎日きちんと仕事に出かけられる間だけなのですから。私たちはすでに満足のいく暮らしをしていました。なにも、あえて行動を起こすことはなかったのです。

●目覚め

金持ち父さんのオフィスで働くうちに、私はロバートの本を読んだり、同僚たちと『キャッシュフロー101』をしたりするようになりました。そして、お金に保守的であることが経済的な安全に結びつくわけではないことがようやくわかってきたのです。それでも自分たち夫婦は「いつか、そのうちに」変わるだろう、くらいにしか考えていませんでした。

二年前に私たちは不動産セミナーに参加し、その直後に賃貸用コンドミニアムを購入しました。しかし安全策を取って、他人のお金（つまり、銀行のお金）を使わずに手持ちの現金を使いました。費用を除くと、毎月のキャッシュフローは八十ドルから百ドルの間でした。たしかに一歩を踏み出したことには違いありませんが、引退できるまでには遠い道のりでした。

ホーム・エクイティ・ローンについての別のセミナーに参加した私たちは、自宅に投資物件としてかなりの可能性があることに気づきました。そこで不動産業者に自宅の価値を見積ってもらいました。そのときに、この業者がロバート・キヨサキの大ファンであることがわかったのです。私たちは不動産投資の可能性について話し合い、この業者と他の八人と一緒にLLC（有限責任会社）に加わることになりました。それぞれが二万五千ドルを出し合い、レバレッジを効かせて、個人ではとても手の届かない大規模な不動産（百万～百五十万ドル）を購入するのです。

（この投資グループはもう解散してしまいました。でも、私たちは今でも連絡を取り合っていて、一生に一度のチャンスがめぐって来たらいつでも行動できるようにしています。このグループを通じて知り合った会計士は、頼りになるアドバイザーです。）

半年間に私たちが検討した不動産の状況は良くありませんでした。一つひとつ物件をチェックしましたが、どれも満足いかないものでした。理由はこうです。
1．借家人をいじめる悪徳家主のようにはなりたくない。
2．投資したお金がキャッシュフローとして戻るまでに時間がかかりすぎる。
私たちには、キャッシュフローが増えるのを待つ余裕はありませんでした。計算したところ、不労所得で暮らしていけるようになるのを待てる時間は、私たちの年齢では投資してから最長で五～十年でした。問題はもうひとつありました。投資に回せるお金は二万五千～七万五千ドルでした。子供たちは、将来そこから利益を得られるでしょう。しかし、私たちの目的は、今それを自分たちが引退するために使うことです。

私たちは、五万ドルを投資して直ちに収益を上げることを目指しました。そんなとき、『キャッシュフロー101』にローンドロマットというセルフサービスのコインランドリーのカードがあったことを思い出しました。二人とも、今の仕事を辞めてフルタイムでビジネスをするつもりはなかったので、ローンドロマットを始めれば自由が得られるかもしれないと考えたのです。

私たちはまずインターネットでローンドロマットの店舗を調べ、地元でのビジネスの様子を見て回りました。それからコインランドリー協会を通じて、私たちの住む町の大手ブローカーに電話をかけ、目的を話しました。ここまでに八か月かかりましたが、その間に多くのことを勉強しました。とうとう、オーナー夫妻が離婚するために売りに出されていた好条件の店舗を見つけることができました。

私たちは貯金に手をつけず、自宅のエクイティを使ってフランチャイズ権を購入することができたので、生活への影響はありませんでした。私たちは債務責任から資産を守るために、別会社を設立しました。また水道、電気、ガスといった公共料金が一番大きな経費なので、それらに気をつけました。

私たちは前のオーナーのＳＢＡ（中小企業庁）ローンを肩代わりすることができました。それによって頭金は高額になりましたが、五年ローンを組めば解決します。このスケジュールでいくと、五年後には全設備を所有できます。私たちは五年後に完全に引退することを目指しているので、そこが重要な点です。購入価格が設備費のみだったため、設備の減価償却費やその他の経費を税金から控除することができ、毎月のキャッシュフローは実質的に無税となりました。

私たちは今後の五年間で、投資額を完全に回収するつもりです。年間収入九万五千ドルに対して支出が五万六千ドルなので、年間三万九千ドルの現金収入がある計算になります。設備費のローンを完済したら、この金額はもっと増えるはずです。ローン完済後は、年間収入が六万ドルに達するでしょう。

この投資が良い実績を上げているので、私たちはモーゲージ・ブローカーに申し込んで住宅を担保にローンを組み、今後二年間でローンドロマットをあと二店舗購入する計画を立てています。五年後には、今のライフスタイルを維持しながら、働きたくなければ働かなくてもよくなるでしょう。

今のところ、ジョージは出張ばかりの生活を改めたがっています。夫は二十五年もの間、毎週月曜日に家を出て金曜日に帰るという生活をしてきました。まだ引退は考えていませんが、仕事の量をもっとコントロールできるようになりたいと言っています。私たちは今まで暮らしてきた家が気に入っていますが、いくつかの点で変化が起きました。たとえば、高級車から小型の四輪駆動車に買い替えたこと。この車でローンドロマットの備品を運び、月々三百ドルも節約しています。

●子供たちの反応

息子は二十七歳ですが、私たちの投資活動に興味を持つようになりました。大学生だったころに『キャッシュフロー101』を寮に持ち帰った息子は、賃貸用不動産の購入について、すでに不動産業者と話をしています。娘は二十三歳で、私たちのしていることを見て、息子から『キャッシュフロー』のやり方を教わりました。二人は共同で不動産投資をする計画を立てています。

ジョージと私にとって、状況は大きく変わりました。これまでの環境や自分たちの年齢では、これだけの変化にとてもついていけないほどです。そのためには長い間の習慣やものの見方を変えなければならないからです。以前の私たちは、変化に対して懐疑的で「成果を見せてくれ」と言っていたものです。社会保障制度があると考えていましたが、自分たちの親がそれだけに頼って苦しい生活をしている姿を見て、考えを改めました。もちろん、親たちに比べれば、私たちはずっといい暮らしをしています。貯金することが正しいのだと考えていましたが、残念なことに、株式に投資した十万ドル単位のお金がここ二年間で失われてしまいました。私たちが汗水たらして稼いだお金だったのに。

　実を言うと、ローンドロマットに投資する小切手を切ったとき、私の手は震えました。ですが、一度小切手を切ってしまえば、今後はどんどん楽になるでしょう。そして私たちは子供や社会保障に頼らなくてもやっていけることがわかったことで、とても安心することができました。数年後にジョージが六十歳になったときには、私たちの準備は完了していますす。自分たちの人生をコントロールできることで、なんと良い気分を味わえるのでしょう。私は他人や会社の利益のために一生働いてきましたが、このお金は私のものです。実はつい先頃、地元のリトルリーグのチーム（ジョージも私も少年野球が大好きです）のスポンサーになりました。地域社会に利益を還元することで、良い気分になれます。子供たちのユニフォームや野球場の旗に私たちのローンドロマットの名前が書かれているのを見るのはいいものです。

　もし五十歳以上で、お金やチャンスについての考え方を変えられないと思っている人がいたら、ぜったいに変えられると信じてください。私は金持ち父さんから学び、生活を支えるだけの毎月のキャッシュフローを生むビジネスをもてるのだと理解した結果、マディソン・スクエア・ガーデンの満員の聴衆に向かって、私にできたことはみんなにもできるはずだと話すことになったのですから。

第二部……………これまでどこにいて、これからどこへ行くのか

金持ち父さんは、お金に対する気持ちを変えることはできると言った。

お金についての考え方には、自分の感情が強く現れる。お金を扱うときには、だれもがわくわくしたり、恐怖を覚えたり、それ以外のさまざまな感情をもつ。そういうわけだから、金持ち父さんの教えによって自分の感情をコントロールできるようになったという話を聞いても、私はとくに驚かない。彼らの気持ちは、家庭でお金とどう向き合ってきたか、あるいは向き合ってこなかったかに影響を受けている。お金をうまく管理できないかもしれない、お金持ちになっても周囲から孤立したらどうしよう、無能に思われたくない、といった恐怖心は、大きな障害になる。

お金に関する相矛盾した気持ちを克服することはたいへん難しい。この章に執筆してくれた人たちは、金持ち父さんの情報を使って、お金をコントロールする方法を学び、お金に対する気持ちと自分自身とを変えることができた。お金に人生をコントロールされるのではなく、自分がお金の主導権を握ったのだ。そして皆、それまでの人生にかかわらず、経済的自由を手にすることができた。

まずはデビッド・ルーカスだ。南部のアーカンソー州に住む彼は、お金についてまったく自信がなかったと正直に書いている。しかし、適切なアドバイスを受ければ何ができるかに気づいたとたん、そんなことはまったく問題にならなくなった。お金の勉強をしたことで人生がすっかり変わったというデビッドの話を読めば、自分は何をしても成功しないし、経済的な安定を手に入れるために資産をもつことなど不可能だと考えている読者も、インスピレーションを得ることができるにちがいない。

西海岸のワシントン州に住む医師、ヴァレリー・コリモアの人生も興味深い。私の貧乏父さんと金持ち父さんの二人も、教育は大切だ、職業やスキルについて学ぶために学校へ行かなければならない、と語っていた。そして社会に貢献しなければならない、とも言っていた。しかし学校ではお金について教えてはくれない。そのために、多くの人が経済的に不安定な状況に置かれている。ヴァレリーもそんな一人だった。

彼女は高度な教育を受けた医師だが、それでもお金の管理をすることは避けていたと認めている。それは、失敗が怖かったからだ。金持ち父さんから学んだことで、彼女は恐怖心を克服してお金をコントロールできるようになった。今では、自分や家族のために経済的な安定を手に入れることを目標に、計画を立てている。彼女は目指すものに集中し、それを達成するのだという決意を固めている。

インディアナ州のリード・シュワイザーは、お金について理解できなかったと告白している。金持ち父さんから学ぶまでは、経済的な状況が良くなったり悪くなったりしていた。金持ち父さんシリーズを読んだ彼は、それまでは考えもしなかったようなチャンスを探すようになり、将来のために資産を購入し始めた。

そしてノース・キャロライナ州のダン・マッケンジーが子供の頃に味わった感情に共感する人も多いことだろう。ダンの父親は私の貧乏父さんと同じで、お金が諸悪の根源だと考えていた。「金持ち父さん」シリーズを読んだことで、ダンはお金についての自分の考えが間違っておらず、資産を手に入れることは正しいのだと確認した。もし、お金は諸悪の根源だと教えられて育った読者がいたら、ダンの話を読んでほしい。経済的自由の素晴らしさがわかるし、それによって可能になるさまざまな良いこと、そして社会に還元することの大切さを教えてもらえるはずだ。

第四章……

不動産で得た自信

デビッド・ルーカス（アーカンソー州リトルロック）

私はアーカンソー州ジャクソンビルで育ちましたが、高校を卒業するまでずっと、自分が何かで成功するなどとは思ったこともありませんでした。勉強ができるわけでもなかったので、成功するために努力してみようとすら思いませんでした。

それでも今から二年前、お金もなかった二十五歳のときに、ネットワークビジネスの会社にいる友人から借りたテープを聞いたのがきっかけで、がぜんお金について勉強する気になりました。テープを流しながら運転しているうちに、ロバート・キヨサキの言葉に思わず耳を傾けていたのです。まるで、彼が私に向かって話しかけているようでした。私は彼の言葉の一つひとつを頭にたたきこみました。**資産を買うこと。負債を減らすこと。**そのくらいなら、私にもできます。私は方法を知りたいと思いました。不動産にはずっと興味がありましたが、いまや不動産投資がしっかりした経済的未来を築く方法だと理解しはじめていたからです。それからの数か月間は、不動産投資に関する本を読みあさり、テープを聞き続けました。そうするうちに少しずつ、自分の目指すもの——不動産投資——が見えてきただけでなく、そのための方法もわかってきました。そして、行動を起こそうという気持ちになりました。パズルのピースを正しい場所にはめこむ方法がわかったのですから。

行動を起こす決意とお金に関する知識を得たことで、成功したいという欲望の方が、失敗や未知の世界への恐怖よりも強くなっていたのです。私はようやく、何もしなければ成功もないことを理解しました。何かをすることは、恐怖に打ち勝ち、それらを経済的自由に結びつけることです。

ここ一年半で、私は銀行から約十八万五千ドルを借りて賃貸物件に投資してきましたが、これらの不動産の評価額は全体で二十二万五千ドルになります。２Ｂｒ（寝室二つ）の二世帯住宅《デュプレックス》を二棟と、３Ｂｒ（寝室三つ）の二世帯住宅を一棟、そして３Ｂｒの一戸建て住宅と１Ｂｒ（寝室一つ）のアパートが一室あるので、合計八戸の賃貸用物件を所有していることになります。**最低の投資額で――すべての物件を購入するのに二千ドルしか支払っていません――毎月約千五百ドルのキャッシュフローが入ってきます。**

驚くような話に聞こえますが、成功するために努力することを恐れていた私がここまでくるのに、時間はわずかしかかかりませんでした。自分でも、こんなに速くこれほどの成果を挙げられるとは想像していませんでした。でも、それが現実であり、私は次々に成果を挙げているのです。

●最初のビジネス経験

私は一九九六年に大学を一年で中退し、不要なウェブサイトの削除を専門に行うインターネット・プロバイダーの会社を共同で始めました。

私は個人事業主になったつもりでした。一九九九年から二〇〇一年にかけてこの会社を経営し、五人の従業員を使って、リトルロックから八マイルほど離れたところにあるシャーウッドにオフィスを構えていました。この頃には、経営者は私一人だったので、私は開業《スタートアップ》時に投資してくれた二十五人の地元の資本家に対して説明責任を負っていました。彼らはこのビジネスに可能性を見い出して、会社を始めるのを助けてくれたのです。約千人の顧客を抱えていた時期もありました。

しかし、五年後には、資本金は引き揚げられ、会社は売却されてしまいます。私は自分の出資金五千ドルを失い、最終的にはこの会社が利益を生むことはありませんでした。

そして二〇〇一年に、私はアメリカとカナダでインターネットをベースにした長距離プロバイダーの会社を始めました。ですが、顧客ベースはあっという間に売却されてしまいました。

どちらの会社も経営した期間は短いものでしたが、現場で経営を学ぶ最高の機会だったと考えています。最初の会社を始めたのは、高校を出て間もない頃でした。自分で始めた会社を経営するという現実の世界での教育は、何にも変えがたいものです。人々との接し方や電話のとり方、知らない人への電話のかけ方、マーケティングの方法、請求書の作り方、外注の仕方、資本金の集め方、営業、戦略の立て方、問題の解決方法など、価値あるスキルを学ぶことができました。もちろん、間違いもたくさんしましたが、その一つひとつが勉強になりました。この経験が、その後不動産ビジネスを築くにあたって最高の基礎となったのです。いよいよ、新しいことを始めるときがきました。不動産を買い始めてから一年半の間は、妻のリアが生活を支えてくれました。

●私のやり方

私はまず、新聞や不動産業界紙でこれという不動産を探しました。そして車であちこちの地区を回り、地元の不動産経営者協会でさまざまな人から話を聞きました。

月々のキャッシュフローに関しては希望がはっきりしていたので、計算式を使って特定の不動産に関するキャッシュフローの可能性を計算しました。

その後は、余計なことはせずに目当ての物件にオファーを出しました。驚いたことに、最初のオファーが受け入れられたのです。ここではっきりさせておきましょう。これは、自分でも予想外の展開でした。十回オファーを出す必要があるなら、そうするつもりだったからです。つまり、私は本気で不動産を買うつもりがあり、そのために必要な時間と労力を惜しまないつもりでした。

そしてもちろん、ローンを組まなければなりませんでした。最初に訪ねた銀行で、現在の持ち主が担保付約束手形を切る予定だと伝えたところ、銀行側からは、私が少なくとも十パーセントの頭金を支払うように言われました。そんなお金はなかったので、別の銀行をあたることにしました。

二番目の銀行はそれほどうるさいことは言わず、頭金が借金でも構わないとのことでした。結果として、これまでのすべての不動産購入資金はこの銀行で借りています。

二番目の不動産を買うときも、頭金は用意しませんでした。必要な頭金は売主が貸してくれることになり、売主が十パーセントの担保付約束手形を切ったからです。

（重要なのは、これらの売主に対して担保付約束手形を切ってくれるよう交渉したことです。手持ちの資金がない私にとって、これが有利にはたらきました。もし売主が同意しなかったら、これらの不動産を買うことはできなかったでしょう。どちらの手形も返済期限は四年未満なので、これらを数年後に完済すれば、キャッシュフローが増えるはずです。）

三件目の不動産を買ったときは、両親を説得して彼らの自宅を担保にしたローンから借金させてもらいました。3Br（寝室三つ）の一戸建てと1Br（寝室一つ）のアパートを三万五千ドルで購入しました。これらの物件の購入に約二千ドル使い、修理のほとんどは自分でやりました。修理費を捻出することができな

●物件6の収支内訳

購入価格	$35,000
物件への現金投資額	
頭金	$500
購入諸費用	$0
修理/改築費	$2,000
合計	$2,500
月々のキャッシュフロー	
家賃収入	$1,010
空家によるロス（5%）	−$50.50
収入合計	$959.50
月々の支出	
固定資産税と保険料	$75
修理/メンテナンス費＊	$0
積立金	$25
管理費	$0
ローン支払＊＊（15年/金利7.4%）	$423
支出合計	$523
月々の純キャッシュフロー	$436.50
投資収益率	
年間のキャッシュフロー（$436.50×12）	$5,238
÷	
現金投資額	$2,500
投資収益率	209%

＊建物の設備や庭の手入れについては借家人が責任を負う
＊＊銀行の早期返済プランを使って、1か月おきに423ドル返済。これにより、最初のローンは13年くらいで完済する予定

かったからです。その数か月後に銀行へ出かけ、これらの借金なしの不動産を担保にローンを組みたいと申し入れました。

二戸の物件の評価額は五万ドルでした。ローンは評価額の九十パーセントまで可能だったので、約四万五千ドルを借りることができました。契約にかかる諸費用とローン手数料を支払い、両親からの借金を返すと、手元に八千八百ドルが残りました。

収支内訳は前ページのようになります（物件6）。現在、この家の評価額は五万ドルです。

四件目の物件も、三件目と同じ方法で購入しました。両親から借金して、現金で支払ったのです。修理も改築もしない状態で、この家は七万五千ドルと評価されました。（私が購入した価格より一万五千ドルも高い評価でした。）その後また銀行に出かけて、借金なしで所有しているこの家を担保にローンを申し込みました。そして銀行からの借入金で両親に借金を返し、契約諸費用とローン手数料を支払ったのです。3Brの二世帯住宅《デュプレックス》の収支内訳は次ページの右側の通りです（物件7）。現在、この家の評価額は七万五千ドルです。

次ページの左が2Brの二世帯住宅の収支内訳です（物件8）。四千五百五十ドルのセカンドローンは、売主が三十六か月間で負担することになりました。現在、この家の評価額は五万ドルです。

現在のところ、私はスモールディールばかりに投資しています。たしかに、私が購入したのはどれも価格が三万五千ドルから六万ドルの不動産です。正直に言いましょう。どんなビジネスもそうですが、不動産にも頭痛の種はつきものです。水道管が破裂したり、空室が予想以上に長引いたり、といった問題が出てくるのです。しかし、こうした問題は一時的なものにすぎません。成功すると決意さえしてしまえば、投資から得られる報酬はたまの頭痛など気にならないほど大きいのです。私が実際に使った資金に比べ、今でも信じられないほど大きな利益が返ってきました。我慢強く努力すれば、成果は必ずついてくるのです。

二〇〇一年八月から二〇〇二年十二月にかけて、私は個人事業主でした。不動産投資を目的とした会社を設立したからです。しかし現在では、不動産を購入するだけでなく、自動車ローンやクレジットカードの負

●物件 8 の収支内訳

購入価格	$43,000
物件への現金投資額	
頭金	$500
購入諸費用	$ 0
修理/改築費	$600
合計	$1,100
月々のキャッシュフロー	
家賃収入	$1,000
空室によるロス（5％）	－$50
収入合計	$950
月々の支出	
税金（固定資産税）と保険料	$75
修理/メンテナンス費＊	$ 0
積立金	$ 0
管理費	$25
ローン支払＊＊（15年/金利7.4%）	$405.28
売主に返済するセカンドローン（36か月/8.0%）	$148.50
支出合計	$653.78
月々の純キャッシュフロー	$296.22
投資収益率	
年間のキャッシュフロー（$296.22×12）	$3,554.64
÷	
現金投資額	$1,100
投資収益率	323%

＊公共料金や庭の手入れについては借家人が責任を負う
＊＊銀行の早期返済プランを使い、1か月おきに405.28ドル支払うので、13年くらいで完済する予定

●物件 7 の収支内訳

購入価格	$60,000
物件への現金投資額	
頭金	$500
購入諸費用	$ 0
修理/改築費	$2,500
合計	$3,000
月々のキャッシュフロー	
家賃収入	$1,300
空家によるロス（5％）	－$65
収入合計	$1,235
月々の支出	
税金（固定資産税）と保険料	$80
修理/メンテナンス費＊	$ 0
積立金	$35
管理費	$ 0
ローン支払（15年/金利6.5%）	$622.66
支出合計	$737.66
月々の純キャッシュフロー	$497.34
投資収益率	
年間のキャッシュフロー（$497.34×12）	$5,968.08
÷	
投資額	$3,000
投資収益率	198%

＊公共料金や庭の手入れについては借家人が責任を負う

債の完済を目指して、昼間の仕事をしています。一方、完全歩合制で商品の卸売をしている妻の収入は、不安定な景気のせいで大きく落ち込んでしまいました。

これから一、二年で自宅のローン以外の主な負債を完済すると同時に、不労所得を増やしていくつもりです。

●将来の計画

短期的な目標は、給与収入と銀行ローンを駆使して、住宅用不動産をさらに購入することです。二〇〇六年までの目標は、十六戸の家かアパートを所有すること。二〇一〇年には、少なくとも四十戸を所有していて、月々のキャッシュフローは一万ドル以上になるでしょう。

私は四十歳になるまでに、十件以上の不動産のローンを払い終える予定です。その後、ローンを完済した物件や、それ以外の物件も売却します。そして内国税法1031条を利用して、売却益を頭金に、より大きな物件を購入するつもりです。たとえば、十の物件をそれぞれ六万ドルで売却したとしましょう。その六十万ドルを頭金にして、大きなアパートを一棟買うのです。アメリカの国税庁はこうした取引をする不動産所有者に対して優遇措置をとっていて、不動産売却時のキャピタルゲイン税を控除してくれます。この時点で、月々のキャッシュフローは一万八千ドルから二万ドルになっているはずです。

●未来は明るい

お金は大切です。それについては反論の余地はありません。しかし、人生にはそれより大切なものもあるのです。私の父は自営の薬剤師で、いつも長時間働いていました。そうやって父の専門知識とサービスを必要とする人々にせっせと尽くしたのです。しかし、一度に二つの場所にいることはできません。仕事をしていれば、家にはいないのです。私自身は、そうはなりたくありません。(私の両親と――父はもうすぐ引退します――おじやおばが、ここ二年半の間に不動産を購入し始めたことは嬉しいことです。)

私は二十七歳です。自分の経済的な未来をコントロールできることでどれほど良い気分でいられることか、簡単には説明できません。同時に、自分の収入を誰か他の人に頼らずにすむとわかっているのは、とても嬉しいことです。これほどの自信をもたせてくれることは、他にはちょっと思いつきません。

第五章……

新しい教育

ヴァレリー・L・コリモア（医師／ワシントン州ベルヴュー）

今から三年ほど前、私は経済的な分かれ道に立たされました。選択肢は二つ。一つは、それまでの人生と同じように、経済的自立へ脇道をのろのろと進むことでした。お金について賢くなりたいという願いよりも、お金について何もわかっていないと思われることへの恐怖の方が強かったために、私はずっと脇道を歩いてきたのです。二つ目の選択肢は、経済的自立へのフリーウェイに飛び乗り、お金の知識があり、目標を達成する方法を知っている裕福な人々に混じってアクセルを踏み込み、高速で走ることでした。

お金のスーパーハイウェイが手招きしているのに、私は侵入車線に留まったままでした。私はただ背中を押されるだけでなく、新しい燃料タンクと新しい道路地図を手に入れなければ、目的地への道順がわからなかったのです。

私がその岐路に立つことになったのは、ある出来事のせいでした。私は家族と暮らすデンバーでの慈善活動に参加するようになりました。ボランティア活動をするうちに、あまり高い教育を受けていないのに、そのことをちっとも引け目に感じていない人々と知り合ったのです。彼らは自分たちの知性がとくに優れているとは考えていませんでした。でも、とても裕福でした。

彼らを観察したり話に耳を傾けたりすることで、高い教育以外にも「賢く」なる方法があることを知りました。正直に言って、それを知ったときはショックでした。成績や資格、卒業証書といった、私がよく知っていて経済的な安定を約束してくれるはずのものの他にも、学ぶべきことがあるなんて。まったく異なる生き方、給料に頼らない生き方があることを、私は理解するようになりました。家族との時間を過ごしたり、地域社会のために活動したり、自分の興味を追求したりすると同時に、経済的な将来を確かなものにするという目標に向かう道が見えてきたのです。

私は、自分にも経済的な自信とそれによって生まれる心の安らぎを手に入れることができるはずだと考えるようになりました。そして、まったく新しい意味で賢くなるための勉強法を探すことにしたのです。私はこの新しい可能性に心を開き、必要な情報を集め始めました。意志あるところに道は開けるのだ、と考えたことを覚えています。

それから間もなくして、近所の書店で『金持ち父さん　貧乏父さん』を見つけたのです。読みながら、私はいくつもの感情に襲われました。まずは、それまでのつまらない習慣と向き合わざるを得なくなったことによる痛みでした。その後で、ほっとした気持ちになり、すぐにわくわくしてきました。自分で作り出した経済的混乱から抜け出す方法がわかっただけではありません。主に新しい考え方や行動の仕方を身につけることで経済的な夢を達成する方法を、この本で教えられたのです。その方法は、それぞれが自分のやり方で身につけなければなりません。私にとっては、まずは夫や娘たち、母親、そして将来生まれてくる孫たちの利益になる情報を得て行動することが、その方法でした。そして私が学んだことを将来多くの人に広めることができると思うと、喜びがこみあげてきました。

『金持ち父さん　貧乏父さん』を読むうちに、私は経済的にも精神的にもより良い何かを必ず手に入れるのだという力がみなぎるのを感じました。

●素晴らしい教育にも限界がある

私が医師であることを考えれば、私がそんな苦境に立たされていたなんて不思議だと思われるかもしれません。私は小児科医です。夫も医師で、内科が専門です。私たちはニューヨークにあるコロンビア大学の医学部に入学したその週に出合いました。私の家族は教育をとても重んじています。父の両親は大学院を卒業していますが、それは当時のアフリカ系アメリカ人の中では際立ったことでした。夫と私は四十代で、ティーンエイジャーの娘二人にも、良い教育を受けることの大切さを口を酸っぱくして言ってきました。

自分たちの教育程度の高さ、健康で資質に恵まれた娘たち、（自分たちの両親に比べて）高い収入、地域社会での実り多いつきあい、そして明るい未来……それにもかかわらず、私には何か大切なものが欠けていることがわかっていました。それが、長期的な経済的安心だったのです。

私は夫や娘たちと良い暮らしをしています。収入の一部を使って、申し分のない家、旅行、そして立派な車を手に入れました。毎年可能な限りの金額を４０１（ｋ）年金プランに充てています。でも、私はときどき自分や娘たちが必要としないものに散財してしまいます。どれも表面的には良い買い物に思えましたが、ただ人を喜ばせるためや医師としての世間体から、つまらないものにお金を浪費することが多すぎました。

私たちの暮らし方からは、別の問題も生まれていました。ここ数年、医師が陥りやすい燃えつき症候群が気になることと不安定な勤務状況から、私はとても恐ろしいことを自問するようになっていました。「もし夫が仕事を辞めたいと言ったり、辞めざるを得なくなったらどうなるのだろう？」と。私たち家族は夫の収入だけに頼って生活していたのです。

私は今から九年前に、ロサンゼルス小児病院という、収入は多いけれどきわめて多忙でストレスの多い職場を辞めました。私はそこで小児緊急外傷外来に勤務していましたが、家族を一番に考え、娘たちを育てることと、治癒の見込みのない病気にかかっている義母の世話に専念することにしたのです。

高い教育を受けてはいたものの、私はお金に関して驚くほど何も知りませんでした。返済できないほどの額ではなくても、いつも借金を背負いこんでいることが心配でしたし、家族の経済的な将来も不安の種でした。お金のことになると、医学を修めるために使ったたいへんな鍛練や論理的思考を忘れてしまっていたのです。医師として働いていたときと違い、間違いを犯さないために細心の努力を払うことをせず、つまらない行動をしょっちゅうくり返していました。

一方、緊急外傷の分野に戻りたくないということにも気がとがめていました。このように、心配ばかりしながらはっきりした計画もなかったときに、『金持ち父さん　貧乏父さん』を読んだのです。感謝と安堵の思いでいっぱいになりながら、私はこの本の中で取り上げられていた考え方を使って自分の行動計画を練りました。読めば読むほど多くを学び、お金の勉強をする情熱がわいてきました。医学を志したのと同じような強い情熱を感じたのです。人生を変える方法が、ここにもありました。

ライフスタイルの変化はそれまでも経験していましたが、今までは、その変化は周囲によって起こされたものでした。そして、私はそれまでお金の手綱を握ったことはなく、自分で変化を起こしたこともありませんでした。

●母から受けた教育

私が二歳で兄のデビッドが四歳のとき、医師だった父が亡くなりました。母は看護師として働き、私たち家族は私が生まれたニュージャージー州カムデンでその後も七年間暮らしました。

私が九歳のとき、母はニュージャージー州の寒い冬と、生活が貧しくなった私たちに冷たい周囲の態度が嫌になり、フランスのリヴィエラ海岸に行くことにしました。リヴィエラという地名は、とてもエキゾチックに聞こえました。私は、そこで一夏を過ごしたら帰国して四年生に進級し、ガールスカウトにも戻るのだと思っていました。ところが実際には十八歳で大学に入るまでそこに留まることになったのです。

もちろん、南仏ニースでの暮らしには素晴らしい面がたくさんありました。学校の教育や音楽の授業、そして体育のトレーニング（私はトラック競技が大好きでした）は充実しているうえ、無料でした。フランス語は流暢に話せるようになりましたし、ロシア語、ドイツ語、そしてアラビア語も少し勉強しました。素晴らしい風景と豊かな文化、そして忘れ難いビーチがありました。

社会保険と退役軍人庁からの給付金（父は退役軍人でした）で生活していた私たちは、貧しいながらもリヴィエラの社会に溶け込もうとしました。夏の間はヨーロッパ中を旅して回り、あちこちのキャンプ場にテントを張って寝起きしました。計画を立てて行動するよりも、そのときの気分で動き回った方が、いろいろな発見がありました。ルドルフ・ヌレエフやマーゴ・フォンティーンといった世界に名だたるバレエ・ダンサーの素晴らしい舞台を観たことも一度ではありません。そんな思い出に残る夜にも、私たちはテントへと引き揚げたのです。

旅をしたり名高いアーティストの魅力に触れたりといった、ちょっと普通でないライフスタイルは、冒険心と大胆さをもつ母のおかげでしたが、経済的には不安定で、わずかなお金しか使えない暮らしでした。信じられないようなことを教えてもらったり、ひたすら虚勢を張ったり、幸運を頼りにしたこともよくありました。長期的な計画を立ててそれをきちんと実行するのは退屈なことで、どちらかといえば衝動的で「気苦労のない」このライフスタイルには似合いませんでした。

私が十二歳の夏の初めに、母はギリシアで一夏を過ごすことに決めました。そこで、アメリカ領事館に頼み込んで、小切手の受け取りと、私たちが立ち寄る予定だったイタリアの海辺の小さな村への転送とをしてもらうことになりました。初日、小切手は届きませんでした。二日目にも、三日目にも届きません。二日目の夕食代を払うとお金がなくなってしまったので、三日目は朝食も昼食も食べられませんでした。お腹が空いて退屈した兄と私は、必要に迫られて商売を始めました。

そのとき十四歳だった兄は芸術的な才能に恵まれていたので、つぶした海草と石の粉でセメントをつくり、私は色のついた石を集めて粉々にしました。二人で大きくて平らな石の上に、青い海、岩だらけの海岸、波の向こうの緑の島などを描きました。そのできばえに気を良くした私たちは、さらに動物や海の生き物の絵を描きましたが、白状すれば兄の絵の方が私のものよりもはるかに素敵でした。(兄はそれから何年か後にハーバード大学デザインスクールを卒業しました。)

夕食を終えた旅行者たちが通りかかる頃には、石に描いた絵がたくさんできあがっていました。一人が、値段はいくらかと尋ねてきました。こうしてささやかな商売が始まり、小切手が届くまでの二日間、親子三人が地元の食堂で食事できるだけの成功を収めたのです。

種は蒔かれました。収入が必要なら、自分に正直になって直感に従えばいいのです。

別の種も根を張っていました。リヴィエラ海岸で私たちが暮らしていた場所は、引退した元CEOたちであふれていたのです。その中の数人と知り合いになり、彼らが派手ではなくても良い暮らしをしていることがわかりました。彼らがお金の話をするのを聞いたことはありません。そして、彼らと私たちの間に横たわる深い経済的な溝に私が気づくことも、そのことが話題に上ることもありませんでした。私自身は、お金はなくても他の長所、たとえば一生懸命努力する能力とやる気があることを大いに誇らしく思っていたのです。私は努力してこうした長所を伸ばしていきました。

私は、お金について話すことは下品なことだと考えていましたから、お金を話題にすることは絶対にありませんでした。それでも、経済的な安定を得ることについて私が密かに興味を抱いていることに気づいてくれる人物、私が熱心に学ぶことをわかってくれて、お金について豊富な知識をもたらしてくれる人物を探し続けていました。そんな人物が経済的な安定を得るための秘密を教えてくれ、私が子供の頃から聞かされてきたお金についての否定的で視野の狭い考え方に反論してくれることをずっと望んでいたのです。私の周りでは、いつもこんな言葉が交されていました。

「お金を生むにはお金が必要だ」
「どんなに努力しても、人より成功することはできない」
「今の生活をエンジョイして、今もっているわずかなお金を使おう」
「正直でいれば、お金はついてくる」
「お金持ちはますますお金持ちになる」

私はこう考えたことを覚えています。「どうやったら『お金持ちはますますお金持ちになる』というコースに入れるのだろう？」

この夢から覚めて人生の経済的な側面をコントロールできるようになったのは、地震が起こったおかげです。

●知識がなければ幸せになれない

一九九四年には、夫、娘たち、そして私はカリフォルニア州に住んでいました。ノースリッジ地震が起こる二週間前、保険会社の代理人が自宅に来ました。要件は住宅保険の更新手続きでしたが、年間四百ドルの地震保険を更新しないで打ち切るという夫の決定を考え直すよう、強く勧められました。夫は職場から離れられなかったので、代わりに解約の書類にサインしてくれと電話で私に頼んできました。

代理人がやって来ましたが、私は何も理解していないことを知られないようにと、ただ頷いたり微笑んだりするだけで、実際には話を聞いていませんでした。そしてひとつも質問することなく、地震保険を解約するサインをしました。

地震によるすさまじい破壊が収まると、私たちはまず家族や隣人の無事を確認して、数人の怪我の手当てをしました。あの忘れられない夜に、暗い袋小路に集まっていた隣人たちの多くが、地震保険に入っていて幸運だったと話すのを聞いて、夫の顔が蒼白になりました。それを見てひどく不安になったのを覚えています。翌朝になって保険会社の代理人と話すことができ、権利放棄証書をファックスしてくれるよう頼みました。ファックスされてきた書類の地震保険を解約する項目の下に自分のサインがあるのを見て、私はショックを受けました。

地震の被害額は四万七千ドルと見積られました。私たちが現金で預金していた額は約四万五千ドルでした。

これを最後に、私は書面にきちんと注意を払わずにサインをするという馬鹿げた行動はとらなくなりました。この地震と、五万ドル近い修理費のおかげで、私はお金に関する無知が大変な経済的損失につながるということを理解しました。また、「三人寄れば文殊の知恵」という格言には経済的な知恵が隠されていることにも気づいたのです。

およそ一年の間、私は自分の馬鹿げた行動を後悔し続けましたが、ようやく前に進もうという気持ちになりました。これは私にとって画期的な時期でした。私はめったに使ったことのない筋肉を動かし始めたのです。何かの契約をする際には、相手方の代理人から話を聞き、質問をしました。自分の意見を言い、必要なときにはノーと言うようになりました。そして契約内容を理解できるまで読みました。

ビジネスの場でたとえ「馬鹿みたいに見える」ことになっても、ちょっとした質問でも、はっきりと理解できるまでときには何度も尋ねることで、私はそれまでよく陥っていた「脳のフリーズ状態」を克服できるようになったのです。エージェントや請負業者は自分の「従業員」であり、お金を払って自分の好きなように知識や情報を提供してもらうと考えることで、失敗や理解の悪さを恐れる気持ちを脇へ押しやり、目の前のビジネスに集中できるようになりました。

この時期は結果として『金持ち父さん　貧乏父さん』と出会う前の準備段階だったといえるでしょう。

●経済的自立へのノウハウ

『金持ち父さん　貧乏父さん』を読んだときの私には、責任をもって自分たちの経済的な未来を築き直す用意ができていました。結婚後すぐに、経済的な責任は夫が負ってくれるものと信じて押しつけたままになっていました。夫は401（k）年金プランで投資オプションを含めたいろいろな運用方法を検討するというので、私はそんな彼を信頼してすっかり安心し、そういったことについては何も知らないままでした。自分から、知らないでいることを選んだのです。夫に面倒を見てもらうことで満足し、お金を使うほうに専念しました。私は決して怠け者ではありません。私のことをワーカホリックだと考える同僚も多いのです。とはいえ今になって振り返ると、お金については精神的な怠け者でした。そして、その状態を変えることを恐れていました。

夫の仕事がいっそう複雑になって多くを求められるようになり、出張が増えて自由な時間が減ると、経済的な必要に対処する方法をじっくり考える時間がなくなってしまいました。ストレスが高じると、いつもはしないような行動をしたり非論理的な考えをするようになるのは、興味深いことです。浪費することは簡単です。ですから短期的に見れば、月々のキャッシュフローがプラスになるように収支を調整するための知識と努力を身につけることの方が難しいのです。

何かをしなければならないことは、お金のスキルをまったく欠いていた私にもわかりましたから、すでに重い負担を負っている夫にさらにプレッシャーをかけました。だって、お金のことは夫の分担でしょう？もし間違いを犯したのなら、それは彼の責任ではありませんか？　私がお金を使い過ぎたというのなら、浪費しないようにと教えてくれるべきでしょう？　こうした考え方がまったくの間違いであったことを知って、お金の管理に関して自分がでくの坊になりかけていたことに気づきました。時間とやる気のある誰か——つまり私のことです——が、家族のお金をコントロールしなければなりませんでした。

たとえば、株式に関する決定はファイナンシャル・プランナーに任せきりでした。フタを開けてみると、この人物はどの顧客にも同じようなハイテク株を売りつけて手数料を稼ぐ類いのブローカーであることがわかりました。最初に話をしたときには適切な質問をたくさんしたにもかかわらず、私は彼の答えを完全に理解できなかったうえ、調べることもしませんでした。というのは、例によって知性を欠いているとか自信がないのだと思われたくなかったからで、特にこのブローカーを雇いたいという私の願いを不承不承聞き入れた夫が同席していたので、なおさらその思いが強かったのです。私はブローカーに、私たちは彼が選んだ株を買うけれども、お金に関する勉強をしているので次第に自分で決定を下すようにしていく、と告げました。

毎日いくつかの株の動きを追い、それぞれの目論見書を読み、経済専門紙や新聞でもそれらの会社の動向を調べていると、警戒心がわいてきました。株式はルーセント社、ノーテル社、ＪＤＳユニフェーズ社、コーニング社などでした。素人目にも、ますます恐慌の様相を呈してきた経済状況の中で急速に値下がりしているこれらの株を持ち続けることは、まったく無謀な行為に思えました。私はブローカーとその同僚たちに次々に質問を浴びせかけるようになりました。

ブローカーが私の電話に返事をよこさなくなると、私は行動を起こしました。金持ち父さんから学んだおかげで、自分の頭で考えることは良いことであるだけでなく、必要なことなのだと気づいたのです。私は評判の良いファイナンシャル・プランナーを探し、彼らを面接し、政府のウェブサイトで評判を確かめました。そして資金運用の配分を、新しいアドバイザーと会う前に決めておきました。それには理由が二つありました。第一は、自分の頭で考えて合理的な決定を下すことができるようにしたかったこと。第二は、自分で決めたことを変えるように説得されるのが怖かったことです。

私たちはポートフォリオをそっくり、ファイナンシャル・プラニングの分野で最高の評価を得ていて全国的にも評判の高いファイナンシャル・プランナーに任せることにしました。多くの人と同様に、私たちも損失（ポートフォリオ全体の約二十五パーセント）を被りましたが、以前の株式はすべて売ってしまったので、もっと大きな損失は免れました。ところが、それよりも素晴らしいことが起こったのです。

私は失敗を恐れる気持ちを克服するために、株式市場に関する知識が皆無である自分にも分かる二種類の株を選び、それらの動きを追うことにしました。それから、自分で決めた金額まで、それらの株を買いました。ひとつは非常にうまくいっているし、もうひとつは値下りはしていますが財務面は健全で、経営状態が良い株の特徴をもっています。この素晴らしい経験によって、情報を得ることの大切さを学びました。コントロールとは、自分の決定にしたがってプロに運用してもらうことであり、自分がどう対処するかということなのです。

家族の中では、もうひとつの奥深い変化が起こりつつありました。私は一度ならずクレジットカードで多額の借金を作ったことがありましたが、それは浪費をコントロールできなかったからです。そんなとき、私は自分につまらない言い訳をしました（「買ったって当然よ」「家族のために医師としてのキャリアを捨てたんだから」「夫は医師なんだから」）。こうした「理由」を考え出すことは、嬉しいことにもう二度とないのです。

このような負債から抜け出すだけの収入がある私たちは、とても幸運だといえます。それでも、返済のために支払った一ドル一ドルについて、それを増やす機会を失ったのだと考えるようになりました。ようやく自分の問題から目を背けることなく向き合えるようになったので、私は現実的な経済的目標を立て、それを達成するために家庭内で変えなければならない多くのことを直視し、お金の管理と会計についてもっと多くを学び始めました。もう二度と浪費症候群《シンドローム》に陥るまいと心に決めたのです。

金持ち父さんに触発されて、私は自分のバランスシートをつくり、収入と支出がわかるようにしました。月々のバランスシートによって、これまでいかに滅茶苦茶だったかがわかりました。また、バランスシートを改善するための助けにもなりました。それはまるでゲームのようで、はたして今月は黒字になるかな、という具合でした。金持ち父さん式の会計で、資産が負債に比べてはるかに大きくなった日のことは、いつまでも覚えていることでしょう。ちょっとした遺産が入って、それを賢く運用したおかげです。私たちは資産のグラフが伸び、負債のグラフが大きく減るのを目の当たりにしました。とうとう、自分たちのお金をちゃんと運用できたのです。これで、不動産投資を始める準備ができました。

●私のやり方

私はまず、支払い可能な頭金の金額を決めました。不動産投資は初めてですから、二万ドルくらいが妥当だろうと考えました。家の頭金を二十パーセントとすると、この金額で十万ドルの一戸建てを買うことができます。運良くこの価格の一戸建て住宅が建つ地域を見つけることができました。さらに運のいいことにそこは快適な環境の住宅地で、評判の良い学校があり、近くに陸軍基地もあるので、常にきちんとした借家人が見つかりそうです。反対に、借家人の入れ替わりが激しいワンルームマンションは気に入りませんでした。

私が望むのは貸し手と借り手の双方にとって満足のいく状況です。良い学校のある良い住宅地で良い住宅を良心的な値段で提供することで、貸し手は優位に立つことができるのです。こうした点を押さえておけば、借り手は満足して長期的に借りてくれるでしょう。それによって、家賃はきちんと支払われ、キャッシュフローは安定し、早ければ十五年後には住宅ローンを完済しキャッシュフローを増やすことができます。私たちはこうした条件を満たす2Bd／2Ba（寝室二つ浴室二つ）の一戸建て住宅を見つけました。

私は実際に不動産を探し始める前にお金を準備しておきました。そして私たちの支払能力と銀行の貸出金額を書き出した報告書を、銀行に用意してもらいました。また、私たちの信用度はきわめて高いので、不動産業者は売り手に対して、売買に関して問題は起こらないと告げることができます。事前に不動産業者に購入価格の範囲を告げて、後は彼の裁量に任せました。このように、交渉を始める前にすべてを決めておいたのです。また、夫にもすべてを理解してもらうようにしました。彼の収入なので、銀行が夫にも関わってほしいと望んできたのです。

八万二千ドルの住宅ローンについて、金利七・二五パーセントで十五年ローンを組んだ場合の月々の支払を銀行に計算してもらうと、七百五十五ドル八十五セントでした（二〇〇二年初春のことです）。不動産業者に、家賃はいくらになるかを尋ねたところ、現状では月八百ドルで、二年目からは三十〜三十五ドルの値上げだということでした。ところが私は計算をする際に、売買が成立した場合に不動産業者に支払う七パーセントの手数料を勘定に入れていませんでした。手数料だけでなく、固定資産税や保険料のことも忘れていました。七十五ページにあげるのは、間違いを訂正する前に計算した、十万三千五百ドルの一戸建て住宅に関する収支内訳です（物件9）。

住宅を所有するのは嬉しいことでしたが、なにかが間違っていました。キャッシュフローがマイナスなだけでなく、税金や保険料といった他の費用がかかり、家賃ではカバーできなかったのです。この不動産は、お金を注ぎ込まなければならないものでした。

そのときになって、現実が見えてきました。もともとの考えでは、負債なしに所有している不動産からの収入で固定資産税や保険料を支払い、将来修繕が必要な場合に備えるつもりでした。まったくこれは「ぼんやり」な計算でした！　私たちは今から十二年前に投資目的で、南カリフォルニアに一戸建て住宅を十万一千ドルで購入しました。数週間前にこの住宅の評価額を調べると、十五万六千ドルでした。年間支出は合計二千百ドルで、正味の家賃収入の合計は九百六十三ドルです。私はこれで新しく購入する住宅にかかる費用をまかなうことができると考えていました。でも、それは間違いでした。

新たに計算したところ、三十年ローンを組むことにすれば（私は十五年で完済するつもりで急いでいました）、キャッシュフローがプラスになることがわかりました。ローンの返済額が現在の七百五十五ドルから五百ドル台前半にまで減るからです。税金や保険料を支払うための資金は充分にあります。（固定資産税は年間約千二百九十八ドルで、住宅保険は三百九ドル、地震保険は二百五十二ドルでした。）キャッシュフローがわずかでもプラスであれば、プールしておいて修繕やなにかの支払に使えます。七十五ページの下は修正後の数字で、右側の家賃は二〇〇三年五月から八百五十ドルに値上げした場合のものです。

間違いはしましたが、私は遅まきながらそれに「気がついた」ことに嬉しくなりました。実際に契約を交し、その途中でいくつかの間違いを犯すこと以上の経験はありません。もっと良いことに、私は何が間違いだったのかを見つけだし、修正することができました。初めは、私たちが持っていた不動産に似た物件を買い、身ぐるみ剝がされることなく、十五年で自分のものにしようと思っただけでした。ところが「金持ち父さん」シリーズの他の本を読んでもっと多くのことが理解できるようになると、私の目標は、その物件により多くを生み出してもらうこと、つまりキャッシュフローをプラスにして現金収益率を高めることに変わり

●物件 9 の収支内訳

購入価格	$103,500		
物件への現金投資額			
頭金	$22,930		
購入諸費用	$2,676		
修理/改築費	$ 0		
合計	$25,606		

現在の投資収益率	
年間のキャッシュフロー	$288
($24×12)	
÷	
物件に投資した現金	$25,606
投資収益率	1.1%

将来の投資収益率	
年間のキャッシュフロー	$846.96
($70.58×12)	
÷	
物件に投資した現金	$25,606
投資収益率	3.3%

月々のキャッシュフロー	
家賃収入	$800
月々の支出	
管理費	$56
ローン支払(15年/金利7.25%)	$755.85
支出合計	$811.85
月々の純キャッシュフロー	−$11.25

改善後の月々のキャッシュフロー		
家賃収入	$800	$850
月々の支出		
固定資産税	$108.17	
火災保険	$25.75	
地震保険	$21	
メンテナンス費	$ 0	
修理用積立金	$45	
管理費(家賃の 7 %)	$56	$59.50
ローン支払(30年/金利6.5%)	$520	
支出合計	$775.92	$779.42
月々の純キャッシュフロー	$24.08	$70.58

ました。将来ローンを借り換えれば、別の物件の頭金を作ることができるはずです。

私は、もっと不動産を買う計画を立てました。最初のステップとして、十件の不動産をもつことを目標にしました。十五～十八年後には、引退後の収入に不動産からの多額のキャッシュフローが加わることになるでしょう。

●チームの力

初めて不動産を購入したときは、いろいろなことに時間がかかってたいへんでしたし、どこか恐ろしさがありました。ですから、この時期に精神的なよき師《メンター》やアドバイザー、あるいは同じような考え方をする人でもいいから話のできる相手がいることは絶対に必要です。こうしたサポートが必要なことを自覚したのは幸運でしたし、選ばれて金持ち父さんのコーチング・プログラムを受けられたことも幸いしました。

実際に不動産投資をして、こまごまとした内容やいろいろな問題が出てきたときに、知識をもつ人に質問できるのはとても有利なことです。私がした質問は「あなたならどうしますか?」「あなたがこんな状況になったときはどうしましたか?」「私が知らなければならないことは何ですか?」「あなたはどんな失敗をしましたか?」「この問題を解決するにはどうしたらいいのでしょう?」といったものでした。

私のチームには次のような人たちがいます。

1. 新しい不動産プランを扱う、有能で高い評価を得ている弁護士。私たちが住んでいる州では共有財産制を導入しているため。この弁護士は、不動産をLLC（有限責任会社）に移す手続きも行う。
2. ローンとプライベートバンキング・サービスのほとんどを頼むプライベートバンキング・グループ。
3. いくつかの州にある不動産に関する数多くの連絡先（不動産仲介業者やブローカー）。
4. 会計士と、不動産を所有している州の税務局および査定平準局に関する知識をもつ連絡先。

5. 数人のメンター。最近では彼らから「私の考えはあなたのとは反対だ」と言われても、以前ほど恐れをなさなくなった。こうした意見交換からさまざまなことを学び続けている。そして彼らは、自分たちの貴重な時間を割く前に私がいろいろと調べていることを喜んでくれる。

もうすぐ私たちは、夫が投資した商品の満期受取金と前の仕事の退職金とをどうやって守り育てていくかについて決断することになります。それについていたずらに恐れる前に、本やテープで勉強をしてから行動計画を立てるつもりです。豊富な知識をもつ人を見つけていろいろな質問をすることも、戦略のひとつです。そうした勉強をするまでは、資産を増やすよりも守る方に重点を置くつもりです。

投資でもっとも難しいのは、ただ考えている段階から実行に移すときです。一方、銀行の活用術やローンの組み方、そしてどうやってチャンスをつくるかを学ぶことはできます。現に私はそれができました。チャンスは、それを探し、つかまえようと思えば豊富にあるものです。

ロバート・キヨサキの金持ち父さんが言ったことは真実でした。また、もっとも大切なことは学校で教えてくれないということも知りました。資産のことになると、なぜか誰ももっと勉強しようとしないのです。私にとって、「これが私の卒業証書です」という考え方から「これが私の財務諸表です」という考え方へ頭を切り替えることは、人生を変える事件でした。今では、医学生時代に身につけた勉強法を使ってお金に関する膨大な量の知識を貯えようと努力しています。

娘たちに対しては、大胆な行動をとりました。まずは自分が両親から言われたように学業第一と言い続けてアイビーリーグの名門大学へ進学させ、その後で、経済的な自由を手に入れるための方法はいくつもあるのだとはっきり告げました。収入を得る別の方法についても話していますし、娘たちが自分にはどんな選択肢があるのか知ってほしいと願っています。彼女たちは両親よりも楽な方法を選ぶことができますし、お金そのものに働かせる方法について、若いうちに学ぶことができるのですから。

娘たちはそれぞれ（一人はまだ大学生です）投資用の口座をもっています。私は彼女たちをファイナンシャル・アドバイザーに会わせたので、二人はお金を増やすという概念を理解しています。下の娘には小遣いを渡すことはせず、その代わりに、自分で銀行のシステムを使ってお金を運用させ、その結果を見守らせています。娘も、私たちのように試行錯誤して学べばいいからです。

二人には、不労所得を得るために、若いうちに賃貸用不動産を所有することを考えるよう勧めています。お金についての勉強は、彼女たちが成長するにつれて深まっていくことでしょう。

私の母に関しては、うまくいけば家賃が無料のアパートが彼女のものになるでしょう。私は必要なときが来たら実現できるよう、いろいろな計画を練っています。

私が乗り越えるべき最後の障害は、このビジネスのために自分の行動様式を変えることです。その中には、浪費をやめ数字ときちんと向き合ってお金について賢くなること、ビジネスに関する手紙の束を机の上に積んだままにせず義務をきちんと果たすこと、自宅で仕事をするスケジュールを立てて、その時間に別の用事を作らずに仕事をすること、などがあります。他のことと同様、これも学ぶためのプロセスなのですから。

●問題と向き合えば、解決できる

ロバート・キヨサキは、私たちの行く手を阻む障害について書いています。ここまで読んでもらえたならおわかりでしょうが、私の最大の障害のひとつは恐怖心でした。それも、あらゆる形や大きさの恐怖心です。お金で成功したとしても、私を拒否する人が出てくるのではないかと恐れていました。家計を私がコントロールするようになったら、夫婦間のパワーバランスが崩れるのではないかとも。そしてもちろん、能力のない人間だと見られることへの恐怖心が常にありました。私のことを、高い教育を受けたのだからお金に関する基本的な知識はもっているはずだとみんなが思っていましたが、それは間違いだったのです。私が初めて小切手帳の帳じりを合わせることができたのは、四十六歳のときです。

それから、悪い習慣もありました。最悪のパターンのひとつは、自分には浪費してもいい理由があると考えてしまうことです。態度の悪いウェイターや事務員に対して、相手の皮膚の色で金持ちかどうかを判断すべきでないと証明するためだけに、無駄遣いしたこともあります。それから、自分のことより先に他人を優先させる癖のために、自分たちのビジネスに割くべき時間がなくなってしまうこともあります。

●ライフスタイルの次の変化

金持ち父さんに後押ししてもらったおかげで、今では私が家計を百パーセント管理しています。長年お金について不安でたまらなかったのに、今では大きな期待感があります。経済的自由という安定をつかむために、一歩一歩進んでいるのですから。同時に、同じ道を歩んでいる人たちとの間に深いつながりを感じずにはいられません。

長い間で初めて、私はお金と行動についてのこの新しい目標に向かって情熱をもって行動しています。私たちに経済的自由をもたらしてくれるだけの資産を築いて管理するには多くのことをしなければなりませんが、将来についての希望で胸を膨らませているのです。「十件の不動産を所有する」という目標を達成しても、それで止められるとは思いません――面白すぎるのですから！

人は失敗から立ち上がり、そこから多くを学ぶことができるのだと、かつてないほど強く信じています。金持ち父さんから素晴らしいことを学んだだけでなく、そのために学校へ行く必要もありませんでした。

第六章……

塁に出ること

リード・J・シュワイザー（インディアナ州ワナター）

長い間、私はお金について理解していませんでした。二十歳の頃から、ずいぶんお金を稼いではいたのに――私はずっと歩合給のセールスマンをしていました――請求書やお金をきちんと把握することをおろそかにしてきたのです。べつに驚くことでもありませんが、お金に関する問題は、私自身の弱さから生まれたものでした。そんなわけで支払能力以上にクレジットカードを使い過ぎて問題を起こしたことが何度もあります。

お金を計画的に使うことをしなかったために、収入のアップダウンにも対応できませんでした。その結果、収入の不安定さからくるストレスは耐えがたいものになりました。そして破産することへの恐怖と、恐怖心から商品を売ろうとする気持ちとで、売上が減ってしまうのです。この悪循環は何度も何度もくり返し経験しました。

ようやく建設業や不動産開発業への夢を追うようになったのは、収入が安定し、計画的なお金の遣い方が自然にできるようになってからのことです。夢をつかみ、それを現実にして経済的自由を得るために、一歩一歩進んでいきました。いま私は、自分が好きなことをすればお金はついてくる、そう信じています。情熱の対象は、早い時期に見つけていました。

●組合という理想

私が十二、三歳の頃まで、家族は貧しい暮らしをしていましたが、それは当時の景気のせいでもありました。一九七〇年代終わりから八〇年代初めにかけての不景気で建設業の多くが停滞し、仕事熱心な私の父――クレーン操縦者で、熱心な労働組合員――は不定期にしか仕事がもらえませんでした。父はどんな仕事でもしましたが、家族は厳しい生活を強いられました。もちろん、母と二人の妹と私は住む家があったし、いつだって食べる物には不自由しませんでした。そうはいっても、私たちが買い物をするのはJ・C・ペニーのようなスーパーマーケットではなく、救世軍のバザーでしたが。家計に余裕はこれっぽっちもなく、家族はどうにかこうにか暮らしているような状態でした。

景気がようやく上向くと、父はまた定期的に働くようになり、私たちブルーカラーの家族の暮らしも――私たちはインディアナ州の北西部、ミシガン湖の近くに住んでいました――ずいぶん楽になりました。

それでも、貧しいことがどういうことかは、私の記憶から消えませんでした。他の人や大企業のために働いても、お金に関する長期的な解決策にはならないことに気づいたのです。父がまたフルタイムで働いて良い収入を得るようになっても、お金を計画的に使って貯金もしていた両親は、投資をしようとはしませんでした。その方法がさっぱりわからなかったからです。二人は相変わらず、労働組合が面倒を見てくれると信じていました。生命保険、年金ファンド、貯金――何もかも、組合絡みです。興味深いことに、労働組合信奉者の父が私に同じ道を勧めることはありませんでした。負債と消費の堂々巡りにはまりこみ、自分と家族の幸せを完全に他人の手に委ねていることに気づいていたのです。しかし、住宅ローンと四人の家族を抱えて、通常以外のやり方でお金を運用することなど、父としてはできるはずがありませんでした。父にとって、それはリスクが大きすぎたのです。

一方、私は別の生き方も目にしていました。母方の祖父が建設会社を経営していたのです。祖父からは、経済的安定とはどういうものかがにじみ出ていました。それは居心地の良い家、新車、いつもお金でいっぱいのポケットといったものだけではありません。祖父のものの見方がまったく異なっていたのは、他人のもとで働いていないからでした。祖父は教会に多額の寄付もしていましたが、それは私たちにはとてもできないことでした。
今になって思えば、私が自営業者や経営者になりたいと思い始めたのは、祖父の例を見ていたからでした。とはいえ、労働倫理は明らかに父譲りです。

●少年ビジネスマン

私は中学生のときにはもう働き始めていました。まずは古典的な「芝刈り少年」になりました。近所の一軒の家の芝を刈り終えると、周りの家のドアをたたいて、もっと注文を取ります。（友だちの多くは、私の頭がおかしいと考えていました。「暑い夏の日に、なんでわざわざ汗をかくんだ?」と彼らから言われても、私はポケットにせっせとお金をため続けました。）

大学に入ったことで、両親は私が自分たちの夢を実現するかのように考えました。二人は、私が四年後に卒業したら大企業に就職すると思ったからです。私の前にはホワイトカラーの大企業の世界が開けていました。株式ブローカーにだってなれるかもしれないのです。（あるいは、プロの野球選手に。大学の野球チームのキャッチャーだった私は、実際にクリーブランド・インディアンズとボルチモア・オリオールズの入団テストを受けました。残念なことに、受かりませんでしたが。）

でも心の奥底では、私は自分自身のために働きたいと思っていました。それに、人から指図されるのが嫌いなことがわかっていたので、企業に就職しても、自分のためにもその企業のためにもならないことは想像できました。就職活動中に企業の担当者に話を聞くと、株式ブローカーになれば少なくとも最初の二年間は勧誘の電話をかけ続けなければならないことがはっきりしました。

私は大学三年のときにセールスの仕事に応募して採用され、八か月で良い成績を挙げるようになりました。そして掃除機会社の独占販売権を手に入れ、在庫をもって経営者になりました。私は二つのオフィスを監督し、営業マンの訓練をして、経理をすべてこなしました。二十歳にしてはたいしたものです。

金融について三年間勉強したところで大学を中退し、自分が作り上げた営業チームのマネジメントを行うことにしました。大学の教師よりも自分の方が収入が多かったことも、動機になりました。両親は私が大学を卒業しなかったことにがっかりしましたが、私はその後コミュニティ・カレッジで経営学の准学士号を取りました。

私は営業マンとしては優秀でしたが、会社経営についてはほとんどなにも知りませんでした。その結果、重すぎる責任を自分で背負い込むことになったのです。営業は楽しくてしょうがなかったのに、経理は悪夢のようでした。もちろん、収入はたくさんありましたが、週に八十時間以上も働いて疲れ切っていたし、嫌になるほど多くの税金を納めなければなりませんでした。そして社員の定着率は低いままでした。

稼いだお金をどう扱ったらいいのかわかるほど成熟しておらず、ビジネスの進め方もわかるはずはなかったので、私は支払能力以上の負債を抱え、かといって誰かにアドバイスを求めることもしませんでした。コンサルタントや弁護士、会計士を見つける代わりに、自分ですべてをこなそうとしたのです。その結果、惨めにも失敗しました。一年半後、私は失敗を認めました。

この失敗の後、私は建設業とノベルティーグッズの会社を経営しました。二年間続いた建設業の方は、従兄弟と一緒に始めたものです。そこでは良い勉強をしました。つまり、自分には建設業の知識はあってもマーケティングの能力がないことがわかったのです。ノベルティーグッズの会社は、その商品を宣伝するインフォマーシャル（情報提供広告）を見たことがきっかけで始めましたが、ほんの数か月しか続きませんでした。

三つのビジネスを合計すると、おそらく一万五千〜二万ドルの損失になるでしょう。

残念なことに、私は最初の事業の失敗から多くを学ぼうとしませんでした。そのために同じパターンを二度もくり返し、結果はどちらも同じでした。そうしてようやく、ビジネスを進めるためには専門家の助けを得てすべてを合法的かつ間違いのないようにしなければならないことを学んだのです。なにもかも自分ですることなど不可能だし、そんなことはすべきではありません。営業マンなら、営業に専念すればいいのです。資格もないのに会計士や弁護士、その他の専門家の仕事をしようなどと思ってはいけません。そんなことをしたら、痛い目に遭うのがおちなのですから。

●恐怖心の芽生え

その後の三年間、私は規格構造住宅の製造及び建築を請け負う会社に就職し、かなりのお金を稼いでいました（そして、相変わらずお金に気を配らずに暮らしていました）。そんなとき、ある出来事がきっかけで、私は自分の仕事、将来、そして何よりも恐怖心への考え方を変えることになります。

私にとって、恐怖心は大きな障害でした。『金持ち父さん　貧乏父さん』を買った頃、私はある取引に恐怖を覚えて逃げ出し、代わりにそれをものにした人物が八万ドルを手に入れるという出来事がありました。私は、段取りをつけるのを手伝った手数料として千五百ドルを受け取りました。

私が成約させることなく後込みしたのは、それまで直面したことのない何かが頭に浮かんだからでした。**私は話をまとめました！　次に自分が何をしたらいいいか、そしてその方法もわかっていました。ところが行動し続けることが恐ろしくなったのです。つまり、私が行動することを恐れたために、私と家族は八万ドルを手にしそこなったわけです。**

もしその千五百ドルがどうしても必要でなかったら、小切手を現金化することもなかったでしょう。それは気分が悪くなりそうな経験でした。その瞬間に、もうこれっきりにするのだと心に決めました。これからは、契約をまとめるための勇気をもつのだ、と。もちろん、何をしたらいいかはわかっていました。他人を金持ちにするために苦労するのではなく、自分で報酬を得る時がきたのです。私は自分がしたかったことを他人がして、私が買いたかった土地から毎月何千ドルものお金を生み出すのを見ていました。『金持ち父さん　貧乏父さん』を読んでから約二か月後、私は不動産投資を始めました。この本から、非常に純粋で論理的な何かを学び、それ以前よりもチャンスを認識できるようになっていたのです。私が働く会社には、クライアントがやってきては、インディアナ州のある決まった地域に家を建てるための土地が欲しいと言っていました。解決法は簡単なように思えました。**人々が欲しがる土地を買い、それを売ればいいのです。**

問題は、クライアントが家を建てたがる二つの地域には、広い土地しかないことでした。私はそのことを会社で何度も取り上げて話しましたが、会社は何もしようとしません。そこで自分で行動を起こしたのです。

●私のやり方

私は広い土地を買い、それを分割して、一区画ずつ売るのに必要な方法を見つけました。想像していたよりも簡単でした。最初に買ったのはインディアナ州チェスタートンにある五・一エーカーの土地です(一エーカーは約千二百二十四坪)。ある家族の信託物件だったものを購入したのです。家族は何年も前に、それぞれが家を建てられるようにその土地を三区画に分けていました。そのため私にとっては幸運なことに、工事費や測量費などが不要でした。それで、少なくとも三千ドルの節約になりました。

提示価格は九万ドルでしたが、私の最初のオファーは四万五千ドルでした。というのは、私の目的は収益を挙げることだったからです。三区画それぞれの売却代金を三万〜三万三千ドルとすれば、すごい儲けになります。それに、四万五千ドルで購入すれば、土地が売れるまでの支払額は月々三百ドルとなりますから、うまくやれそうでした。

売主が五万五千ドルを提示してきたときも、私は少しも恐れませんでした。すでに何人かのクライアントに話をして土地を見てもらい、感想を聞いていたからです。その地域で売り出されそうな土地がいくつかあることを知らせ、そうなったら興味があるかどうかを尋ねると、たちまち一人から電話があり、まさに望みどおりの場所だとのことでした。その地域の土地に三万一千ドルまで支払ってもいいと言うのです。それで決まりです。私は絶対にその土地を手に入れることにしました。

クライアントが支払う三万一千ドルと、自分で用意する十パーセントの頭金があれば、二万ドル以下の借金をするだけで、六万ドルの価値のある残りの二区画も購入できます。私はすぐさま五万五千ドルの提示価格で合意しました。

その地域の不動産は需要が高いため、一年ローンの金利はたったの四・七五パーセントでした。その地域は人気が高く、その二区画はすぐに売れるという自信がありました。それに、更新可能なローンだったので、一年目の終わりに土地が売れていなければ、その時点の市場金利で更新すればいいわけです。私は三件のローンを申し込み、金利の支払は合計で約一千ドルになりました。

それから半年以内に、三区画がすべて売れました。評価額は九万ドルで、実際の売却価格は九万三千ドル。下水道設備費に一万ドルもかかったのが予想外でしたが、実質的には労働することなく二万七千ドルの収入を得たのです。計算は簡単です。九万三千ドル－五万五千ドル＝三万八千ドル。三万八千ドル－一万ドル－一千ドル＝二万七千ドル。

次の投資も、同じようにうまくいきました。不動産エージェントに電話をかけて何かまったく別の物件はないかと聞くと、賃貸用不動産に興味はあるかと尋ねられました。もちろんイエスと答えると、四万ドルで売りに出ている格安の中古住宅があるというのです。自分で見に行ったところ、家は気に入りませんでしたが、周囲の四十エーカーの農地がとても気に入りました。不動産エージェントが両方の土地について希望を出したところ、どちらも同じ持ち主のものでした。提示価格は、ボロ家つき二エーカーの土地が四万ドルで、残りの三十八エーカーが二十万ドル、合計で二十四万ドルでした。

私は土地と建物に対して十五万ドルで最初のオファーを出しました。その家に住んでいた女性は亡くなっていることがわかったので、おそらく遺産相続物件だろうと考えたからです。すると持ち主は、土地だけで二十万ドルを提示してきました。私は土地と建物に対して十六万ドルを出しました。今度は持ち主が十七万ドルを提示してきました。取引成立！　私は小さなボロ家と四十エーカーの土地をたったの十七万ドルで手に入れたのです！

この時は、資金を集めるのが大変でした。購入価格の三十パーセントの頭金を用意しなければならなかったからです。いくらか資金はありましたが、五万一千ドルには足りません。しかし、金持ち父さんの近くで「そんなお金はない」と言うことは禁止されていた、というロバート・キヨサキの言葉を思い出して、「どうやってお金を用意するか」に集中しました。

私は銀行に勤める友人に話をしてパートナーになってもらい、共同で頭金を用意して土地を購入しました。土地の検査と測量に五千ドルを支払い、土地を十区画に分け、七か月後には七区画を売却して合計二十二万九千ドルを受け取りました。結果として私たちは五万ドルを手に入れ、残りの三区画は借金なしで所有しています。この三区画の提示価格は合計十万三千ドルです。すべてが売れたら、二人の儲けはそれぞれ約八万ドルになるのです！

私たちはローン金利として約三千ドルを支払いました。土地は二〜十エーカーまでの区画に分割したので、提示価格には二万八千〜五万四千ドルまでと幅があります。

ボロ家は解体し、その土地を二万八千ドルで売却しました。後になって考えると、そこから不労所得を挙げることができなかったのですから、家を壊したのは間違いだったかもしれません。この家をどうするかについては、パートナーと意見が分かれたところです。私は、修理して賃貸にするか、売却しようと提案しました。結局はパートナーに説得されて解体しましたが、今になって後悔しています。とはいえ、家を壊すという最大の間違いを犯しはしたものの、土地が二万八千ドルで売れたので、ものすごくひどい間違いだったとは考えていません。その二エーカーの区画を売却したことで、結果として一万九千ドルの収益を挙げたのですから。これまでに私が犯した間違いからも、それくらいのお金が生まれればよかったのですが。

二万八千ドル−八千五百ドル（一エーカーあたり四千二百五十ドルで一区画二エーカー）＝一万九千五百

ドルの収益

最近、残りの三区画についてもオファーを受け入れたので、全体の収支内訳は次ページのようになります（物件10）。

この土地の売却は、ちょうど一年前に完了しました。このプロジェクトにかけた労力は二十時間分もないでしょう。私の取り分は七万二千ドルなので、一時間あたりの労働賃金は三千六百ドルになります。時給ベースで働いた場合に七万二千ドルの収入を得るためにかかる時間を考えれば、自由時間の価値はお金には換算できません。

残念なことに、私が働いていた会社では、私の不動産投資活動が会社の利益に反すると判断されました。私が販売する住宅は、私自身が所有する土地に建てることになるからです。そこで、クライアントや他の営業マンに土地を販売する活動を半年間続けたところで、会社を辞めるときがきたと考えました。

それから半年以内に、私は別の住宅建設会社に就職しました。この会社では、自分でスケジュール管理ができるうえに、不動産投資を推奨するだけでなく支援さえしてくれました。つまり私は下請け契約者で、好きなときに仕事をし、自由時間を使って自分の投資を次のレベルに引き上げることができるわけです。私はこのチャンスに飛びつき、新しい会社に移りました。

私が計画しているプロジェクトは大きなものです。数か月前に住宅建設業界にいる友人から電話があり、ビッグチャンスを手に入れたのです。彼の顧客が離婚するので、八エーカーの土地を手放したがっていました。地元の区画設定に従えば、三区画に分割できるといいます。ところが自分で調べてみると、その市の境界内にあるのは八エーカーの半分の四エーカーだけでした。つまり、街路に隣接する土地の広さの規制は市によって違うので、実際には六分割できることがわかったのです。

提示価格は五万ドルで、私のオファーは二万五千ドル。売主からは新しい価格の提示すらありませんでした。そこで二週間待ってから電話をかけ、交渉を再開しました。離婚交渉は難航していて、売主はすぐにでも土地を売る必要があるとのことでした。私はオファーを三万ドルに引き上げ、二週間で契約を成立させるという条件をつけました。相手がこの条件で合意したので、二週間後に三万ドルを現金で支払いました。この資金は、それまでの二件の投資で得たものです。（前の投資で得た資金があったために、今回は現金で支払うことにしました。資金を借り入れなかったことが金持ち父さんの教えに反することはわかっていましたが、売主は問題を抱えていてすぐさま現金が必要だったので、喜んで手助けすることにしたのです。もし現金が必要になったら、担保ローンを組めばいいのですから。）

六区画全体の提示価格は十二万ドルでした。一か月以内に、最初の一区画に対するオファーが来ました。二区画を合計三万五千八百ドルで売却し、残りの四区画にはそれぞれ一万七千九百ドルの価格がついています。金利の支払いはなく、測量費の約二千五百ドルを計算に入れても、十時間に満たない時間と労力で、約七万四千九百ドルを手に入れることになるのです。

私は最近、３Ｂｒ／１Ｂａ（寝室三つ浴室一つ）の投資用住宅をパートナーと共同で購入しました。四万

●物件10の収支内訳

土地	$170,000
土地検査/測量	$5,000
金利	$3,000
住宅の解体費	$1,000
費用合計	$179,000
区画売却の合計価格	$323,000
費用合計	−$179,000
収益	$144,000

六千五百ドルを現金で支払い、修理費には五千ドルもかかりませんでした。八万八千九百ドルで市場に出したところ、五日以内にオファーがあり、その二週間後に契約しました。

私はこの売却で約十万ドルを得ましたが、もっと重要なのは、合計二十二万三千ドル分の九区画を借金なしで手に入れたことです。現在は投資へのさらなる意欲をもって、四十四区画に分割して売却できる五十六エーカーの土地について検討しているところです。私の経済力が大きくなるにつれて投資物件も大きくなることを期待しています。

現在、私は住宅建設コンサルタントという自営業者であり、土地の販売という自分のビジネスももっています。来年は自分の販売センターを開設して、住宅購入希望者が一か所ですべてを購入できるサービスを展開する計画です。顧客はこのセンターで土地、規格構造住宅のモデルを選び、住宅ローンの申し込みを行うのです。そして、私はどの契約からも収益を挙げることができます。

●一度走り出したら、もう立ち止まれない

今年の目標のひとつは、近所で開発中の分譲地に小規模ショッピングセンターを設計・建設することです。この分譲地には四百戸の住宅と、大型マンション、そして多くの二世帯住宅《デュプレックス》が建つ予定です。二マイル以内に大学がひとつと、巨大なハウストレーラーの駐車区域が二か所あります。この地域には、ピッツェリア、酒屋、美容院などの六、七軒の店舗をもつ小規模ショッピングセンターの需要があることはたしかです。私は三、四軒の賃貸用店舗をもつ建物を二つ手に入れる計画を立てています。

五年後の目標は、月々の不労所得を一万ドルに増やして、不良資産を清算することです。数年間にわたって一年に三件の賃貸用物件を購入し続ければ、この問題は解決するでしょう。その時点で私は三十五歳、妻は三十三歳、息子は六歳になっています。気持ち良く引退し、一年間はのんびりして自分の達成したことを振り返り、将来の計画を立てようと思います。好きなだけ家族と過ごせることは、素晴らしいゴールです。

それから、より高い段階を目指して、株式公開前の企業に投資したり、株式公開を支援したりするつもりです。

わずか一年前の自分の状況を振り返ると、今とはまるで違いました。収入の高い仕事についてはいましたが、身動きできない状況でした。朝九時から夜七時まで、週に五日間もオフィスに釘付けにされていたのに、顧客が目の前にいるのはたったの二、三時間。退屈な仕事でした。今では、私は自由に不動産を探すことができます。朝起きて息子と過ごし、人々が家を買う手伝いをし、建設現場へ出向いて進み具合をチェックし、たいていは楽しい一日を過ごしています。土地を所有しているので、あらゆる人が私の顧客です。なによりも素晴らしいのは、恐怖心によって私のアンテナが遮《さえぎ》られることがなくなったことです。成功したことで、恐怖心を抑えることができるようになりました。今では、チャンスをつかむ自信があります。野球では、ヒットを一本打てば、塁に出ることが怖くなくなります。不動産投資もそれと同じです。一度小さな成功を味わうと、さらに投資してもう一本ヒットを打ち、前回よりも遠くまで飛ばしてやろうと思うようになるのです。

●塁に出る

足を一歩前に踏み出してチャンスをつかめば、他人より抜きん出ることができます。私たちが暮らすのは世界でも最高の国であり、世界の歴史の中でも富を得る最高のチャンスを与えてくれます。そのチャンスをつかまなければ、きっと後悔するでしょう。だから、経済的に自由になるためにバットを振ってください。たとえ最初のときに失敗しても、次のチャンスは必ずやってきます。野球では、ストライクが三つでアウトですが――それでも、次の回があります。ただ、少し待てばいいのです。ひとつだけ確かなのは、バットを振らなければヒットは打てないということです。

第七章……あらゆる良いことを生むもの

ダン・マッケンジー（ノースカロライナ州グリーンズボロ）

お金は諸悪の根源だ。私はそう教えられて育ちました。お金をもっているのは異常に神経質な人か、詐欺師か、人間性のかけらもない悪党か、その三つを合わせたような人物だ、と。家族の関係は良好でしたが、だれもがそう信じ、とくに皮肉な見方をする父がそう確信していたので、私の考え方も大きな影響を受けたのです。狩猟・採集生活をやめてからの人類は破滅に向かっていて、成功すればするほど教育や政治システムに絡め取られ、洗脳されてしまう。そう信じられていたわが家では、経済的成功は立派な業績ではなく、地獄への入口のようにみなされていました。お金を欲しがったりお金のことを考えて時間を無駄にすることほど下らないことはない、そんなことをすれば文字どおり永遠に地獄に落とされてしまう、と。

そういうわけで、私がお金について認識することはもちろん、成功するためには、大きな障害が立ちはだかっていました。多くを学ばなければならないことはわかっていても、教えてくれる人がいなかったのです。私の周りには、そんな障壁を乗り越えて経済的自由を手に入れた友人や知り合いは皆無でした。何よりもつらかったのは、お金をどう扱ったらいいか、そしてどうやってお金を稼いだらいいのか、はっきりとした道筋が見えなかったことです。そのため、試行錯誤が必要でした。二歩進んでは三歩さがる、というのが私のパターンになりました。自分の行動が幼い頃に頭に叩き込まれた悪そのものであると思えたことも、何度もありました。

ほとんどの人は、自分たちの生き方について疑いもなく受け入れているので、どのようにしてそういう生き方をするようになったかを考えることはありません。でも八人兄弟の五番目だった私は――もしかすると、そのために——絶えずそのことを考えていました。ごく幼い頃から恐怖心や皮肉な見方、悲観主義を乗り越える努力をし、自分自身の生き方を見つけようとしていたのです。ある人がすべてを手に入れる一方で、他の人は最低のものしか持たずに生きていることがよく不思議に思えたものです。私の生活は後者だったので、すべてを手に入れる生き方をしたいと思いました。父の考えは正しいかもしれませんが、自分でそれを確かめたかったのです。

私はそのために一生懸命働くことにしました。クラスメートのほとんどがスポーツや部活動に参加する中で、授業の前後に時給一ドル五十セントでドーナツを揚げる仕事を高校卒業までの数年間続けました。人に雇われるのが肌に合わないことは最初からわかっていましたが、それ以外の方法を知らなかったのです。卒業後は商業を勉強して、高級家具の職人になりました。しかし、オーダーメイドの高級品製造から大量生産の棚や合成樹脂のボックスの製造へと仕事が移るにつれ、魅力を感じなくなってしまいました。

この仕事をやめた後、故郷のオハイオ州の田舎町で成功しているいくつかの会社に就職したものの、どれも長続きしませんでした。すると、友人たちからたちまち後ろ指を指されました。誰もが望む「立派な」仕事をやめてしまうなんて、いったい何を考えているんだ、と。

私にはもっと重大な関心事がありました。どの仕事に就いたときも、私は支出を計算し、二十年後に予想される収入をはじき出しました。仕事がどれほど気に入っていても、支出を差し引いた残りでは、自分が望むような生活はとてもできそうにありませんでした——たとえ最高の給与上昇率で計算したとしても。父の顔と声が頭に浮かぶのは、こうしたことを考えている最中でした。「おまえは時間を無駄にしている……システムに勝つことなんか、あきらめろ」頭にこびりついて離れない嫌な歌のように、きまって否定的な父の言葉が何度もくり返し響きます。私にはいったい何ができるのでしょうか。父のように社会から脱落して、世捨て人のように生きるのでしょうか？　それは嫌でした。そんな生き方はとっくに否定し、そう考える自分を肯定していたからです。私はお金を持つことがどういうことかを経験したかったのです。その時点で、私は次のような目標を定めていました。

1. 三十歳までに億万長者《ミリオネア》になる。
2. 世界中を旅する。
3. 一軒は米国に、もう一軒は外国に家をもつ。
4. ファラ・フォーセットに会う。（一九七〇年代後半のことですから。）

そんな目標をもったことで、私は大きな問題に直面することになりました。自分に能力があることはわかっていましたが、進むべき方向がわからず困ってしまったのです。誰に助けを求めればいいのかもわかりませんでした。それでも、私は次々に仕事を変え、試行錯誤をくり返しながらキャリアを積み重ねて、通常は大卒の人向けの地位に就くことができました。大学に行きたかったのですが、仕事で世界中を忙しく回っていたため、四年間も勉強する時間をつくることは不可能でした。高校時代のクラスメートたちが「高等」教育を終えた時期に、私は五十か国以上を訪れ、百以上の国際都市を回っていたのです。

その当時は気づきませんでしたが、私はこうした旅で出合った人々から影響を受けていました。彼らはやる気をもち続け、成功することが習慣となっていたのです。そのようなポジティブな生き方をする人々と交流することで、成功を視野に入れた生き方と、現状維持の生き方との間に大きな違いがあることを知りました。

どこの大学を卒業したかと聞かれると、私はいつも実社会という大学で、結果という学位を得たのだと答えることにしていました。（今でもそう答えています。）私は行動から学んだのです。

それでも、収入のジレンマへの答えは得られず、安心することはできませんでした。仕事から得た経験と、父が教え込もうとしていたこととの間に、何か不気味な結びつきがあるような気がしてなりませんでした。

しかし、明らかな関係を見つけることはとうとうできませんでした。成功の大きさは、自分がどれだけの力を出そうとするかにかかっています。そして他の人々に何をどのように貢献できるかは、自分自身についてどう考えているかによるのです。私は、心のもち方にはふた通りあることを理解し始めました。父の考え方（知性よりは習慣に従っている）では、ため込むことや貰うこと（つまり欠乏）といった点からしか考えられず、きわめてネガティブです。父は「自分のもの」を維持することばかり考え、他人のために価値を見つけたり創造したりすることは考えませんでした。

私は次第に、別の考え方があることを理解するようになりました。それは価値を創造したり付け加えたりすること（つまり豊かさや寛大さ）を考える、きわめてポジティブな考え方です。自分の可能性――そして能力――をフルに引き出す方法を見つけることで、より多くの価値を創造できるだけでなく、内面のパワーも作り出すことができるのです。雇用される身として、私は社会に対して意味のある貢献が充分にできていないのではないかと感じていました。そして子供の頃の狩猟・採集生活の理想を思い出して、そのような「シンプルな」生き方の問題点は、それが社会への貢献につながらないことにあると気づいたのです。なぜなら、そうした生活では何かに貢献することの必要性が存在しないからです。唯一の目的がお金なら、それを手に入れる方法はいくらでもあり、どの方法を使ったらよいか混乱してしまうほどです。しかしお金は目的を達成するためのひとつの手段でしかなく、目的ではありません。父のものの見方がお金を目的としていたことが、ようやく見えてきました。

私は一九七四年から八七年まで企業の社員として働き、その後経営者にもなりましたが、それでも目標を達成するための方法を見つけたわけでも、はっきりとしたプランがあるわけでもありませんでした。ただ、いろいろなことに関心をもっていたことと、できるはずがないと長いこと思い続けた末に、ようやく自分を信じて起業する決意をしたことが救いでした。私はフォーチュン誌が選ぶ百社に入るような優良企業である航空宇宙産業の会社での「安全な」仕事をやめました。そのとき会社は成功のピークにあり、私は自分でも信じられないほどの高給を得ていました。その会社をやめたことでまたもや、ＭＢＡや博士号などをもつ同僚たちから馬鹿扱いされました。彼らは、私のことを哀れむか、からかうかのどちらかでした――私が失敗するのは明らかだったからです。

二十八歳のとき、私は家族や友人、同僚からの皮肉や否定的な見方を乗り越えられるようになっただけでなく、自分が望む生活に見合った生き方のパターンを新しく築くことができるようになりました。私は自分の将来をコントロールするという旅に出たのです。

●自分自身をコントロールすることの報酬は大きい

『金持ち父さん　貧乏父さん』が出版されて数か月後、二番目の兄（私には五人の兄弟と二人の姉妹がいます）からこの本について教わりました。読んでみると、私がそれまでの生涯のほとんどをかけて手に入れようと苦しんできたことが、すべて書かれています。突然、自分がしていたことが概念として現れたのです。『金持ち父さんのキャッシュフロー・クワドラント』を読み終えた私は、起業したことで、自分がすでにクワドラントの右側のビジネスオーナーならびに投資家として活動しており、左側の従業員や自営業者ではないことに気づきました。

なんという開放感、そしてなんと素晴らしい気分だったことでしょう！　私はようやく父の呪縛から解放されようとしていたのです。そして最後に、それまでとってきた行動に対する不安がなくなり、安心することができました。

私がクワドラントの右側（『キャッシュフロー１０１』では「ファーストトラック」と呼ばれている）に焦点をあわせているのを示す例として、航空宇宙産業の会社をやめた後の出来事を挙げることができます。十八歳以来ずっと支払ってきた家賃を払うのが嫌になった私は――一か月に四百ドルから八百ドルも支払うのに、何も得られないのは割に合いませんでした――テキサス州オースティンから三十分ほど南にある三エーカーの土地を購入しました。そこに建物を建てて住もうと思ったのです。どんなぼろ家でも構わないし、この額を支払って、その後あの値段で売却すればいいだろうという考えでしたが、これはまったく「理解できないリスク」を冒したことになります。

その土地の持ち主は、売りたくて躍起になっていました。現金で支払うために――当時の私にとっては大金の一万二千ドル――私は見栄えのいいスポーツカーを売り、貯金をそっくり引き出しました。次に、夕方や週末を使って、その土地にささやかな家を建てました。しばらくそこで暮らしてから、この土地を七万五千ドルで売却し、その収益を使って起業したのです。

（私が始めたのは世界中の主要な航空会社に技術サービスや製品を提供する会社で、三年間で売上数百万ドル規模の会社に成長しました。目標を二年早く達成し、目標額を何百万ドルも上回りました。しかも、そのための借金もありません。）

しかし『金持ち父さん』のアドバイスを知った後では、不動産購入の方法や自分自身についての考え方が根本から変わりました。それ以前は、現金をたくさん集め、借金をできるだけ少なくしていたのです。今になって考えると、素晴らしいチャンスをいくつも逃してきました。自分で「稼いだ」月々のキャッシュフローによる収入では購入できないという理由で、いくつものチャンスを見送っていたのです。

私は借金に関しては非常に慎重でした。私にとって、あらゆる借金は悪だったからです。「誰からも何も借りるんじゃない！」というのが、父の固い信念のひとつでした。良い借金というものが存在するなど思いもしなかったので、私は最初の土地を買ったとき、そして家を建てたときでさえ、借金をしないためにできる限りのことを（父の見方に従って）したのです。これは非常に根強い行動パターンであり、乗り越えなければならないものでした。金持ち父さんのおかげで、それはおそらくお金に関して私が経験したもっとも根本的なパラダイム・シフト（思考の枠組みを変えること）となったのです。

新しいことを学ぶのに時間がかかるのは、考えながら行動しなければならないからです。しかし、小さな成功を積み重ねていくうちに、しだいに恐怖心や心理的な抑制、そして子供のころに植え込まれた否定的な考え方を払拭できるようになっていきました。成功したことで新しい習慣が生まれましたが、なかでも物事に対する考え方が大きく変わりました。もっとも基本的なところでは、ネガティブな思考パターンをポジティブなパターンに変えることができました。それははかりしれないほど重要なことです。

金持ち父さんから学ぶ前は、自分のお金におけるキャッシュフローの割合を考えたことなどありませんでした。正直に言って、お金を生み出す存在として不動産を見たことなどなかったのです。今では、キャッシュフローが、不動産だけでなくあらゆる資産を評価する際の、文字どおりまったく新しい基準になりました。パワフルで貴重なこの考え方が、私を解放してくれたのです。金持ち父さん、ありがとう！

それからは、自分の勘だけに頼って行動する代わりに、進むべき方向がわかり自分をコントロールできるようになりました。それはまるで、真っ暗な部屋に明かりが灯ったようなものです。

●私のやり方

私は数多くの不動産投資を行ってきましたが、成功したのは、不動産の購入前には必ずデューデリジェンス（適正評価手続）をきちんと行うという宿題をやりとげ、（理解できないリスクを正体のわかったリスクに変えることによって）賢明な決定をするよう見極めようとしたからです。複数の問題があるときには、多くの人が少し圧倒されてしまうか、恐怖を覚えることでしょう。私が行った一見大胆な投資のほとんどは、必ずしも表面には表れない傾向や価値に注目して判断したものです。不動産を評価する方法はいくつもあります。私は不動産の使用目的を網羅したデータベースを作っており、それを商業目的と賃貸目的とに分けて、地域による需要を見極め、どうすべきかを考えます。表計算ソフトを使って、経費と収入の可能性とともに、特定の用途に対する不動産費用の影響を計算します。次に、似たような投資例を調べ、より多くの価値を生み出すための方法があるかどうかを考えます。言い換えれば、不動産の価格を引き上げる要因と、その不動産にかかる費用を引き下げる要因を探すのです。私の宿題のやり方というのは、シンプルに言えば、こういうことです。誰が、何を、どのように、いつ、なぜ、を割り出すのです。

例を挙げて説明しましょう。テキサス州中央部を南北に走る二本の幹線ハイウェイは、オースティン郊外で東西のハイウェイと交わっています。テキサス州中央部の不動産市場の大暴落から約一年半後、私は東西ハイウェイ沿いにある七十エーカーの土地を購入しました。

一エーカーにつき三千二百ドルという私の指値（大暴落前に七千ドルの指値がつきましたが、持ち主は売りませんでした）について、大暴落で大損をした友人や知り合いの多くは、高額すぎてリスクが大きいと言いました。銀行の担当者でさえ、本当にそれだけ払う気があるのかと何度も確かめてきたほどです。でも私は、幹線ハイウェイは消えてなくなるわけではないし、それらをつなぐハイウェイも重要になるはずだと考えていました。景気が上向けば、その土地の辺りにも開発の波が押し寄せるでしょう。とはいえ、その土地からのキャッシュフローはマイナスなので、それが資産にならないことは承知していました。その土地を手に入れてローン支払を続けながら、いくつかの主要な変化が起こるのを待つつもりだったのです。私の気持ちは揺れ動きました。上向きの可能性に注目してわくわくするかと思うと、そんな土地を買おうとするなんてどうかしていると周囲から言われては落ちこむのでした。

その土地は、正面にハイウェイがあり、裏側は川に面していました。二本しかない南北のハイウェイのちょうど中間に貼りついたようにあることが利点でした。他方、飲料水の問題がこの土地の価値に大きな影響を与えていることが重要でした。飲料水が確保できなければ開発の可能性が限られてしまうことはわかっていたので、私は目を転じてこの問題を解決しそうなのは誰かということを考えました。（つまり、解決することで得をするのは誰か、ということです。）いつ解決するのか？　どのような解決策があるか？　水道事業共同組合？　市当局？　個人で井戸を掘るのか？　（経済的にもっとも合理的な解決策は？）

土地の幅五マイルにわたって公共の配水管はなく、相当な深さの井戸を掘ったとしても、水質や水量の保証はなかったので、妥当な価格帯で住宅開発が行われることはなさそうでした。しかし、この問題を認識したことで、水問題を解決するために何ができるかを考えるようになりました。すると、その土地からハイウェイを挟んで五百フィート離れたところに大手の開発グループがプライベート・ゴルフコースと高級住宅街の建設を計画していることがわかりました。この会社も水問題に悩まされていたため、市当局や周辺で唯一の水道事業共同組合に働きかけて、水の供給を確保しようとしていたのです。

私はこのことを知って、配水管が敷設されれば、開発を目的に土地価格が上向きになると考えました。そして、実際そのとおりになりました。水問題が解決するとこの地域は発展が見込まれ、土地の価格が四倍以上に跳ね上がったのです！　水問題がはたして解決されるのか、されるならいつ、誰によってかをじっくり考えたことで、「理解できない」リスクを「正体のわかった」リスクに変えることができたのです。

数年後、この地域には数多くのハイテク企業が進出したので、不動産価格は再び上昇しました。価格は一エーカーにつき一万四千～二万五千ドルになりました。

その間、私は土地を評価・購入するために六つの基準を用いるようになりました。

1．動機（売主あるいは私自身の）

七十エーカーの土地を例にあげると、それは市場に出てすらいませんでした。私はまず自分で調べた地域と成長傾向を基に土地を選びます。それから持ち主のことを調べて訪問し、持ち主と土地との関係と、購入希望を伝えたときにどう反応するかを判断するのです。この土地のケースでは、前年に三人姉妹がそこを相続していました。一人は死亡し、生存中の二人はどちらも八十代で、土地を所有し続ける気はありませんでした。二人の年齢では、お金の方が重要だったからです。しかし、二人には土地を持ち続ける理由もあったので、私のオファーに首を縦に振りませんでした。あきらめずに再びトライして、二人と話をしてわかったのですが、二人は土地の開発を望んでいなかったのです。そこで、私は他の人がするような土地開発（次々に住宅を建てる）をするつもりはないと伝えました。二人の反応から、**全員が得をするように話をまとめることが可能であるとわかりました。そのことは、どんな不動産取引でももっとも重要な要素でしょう。**

2．土地の条件

たんに土地の良し悪し、造成の有無ではありません。重要な点を判断するために、また費用のかけ方をあれこれ検討するために、そしてどのような地区（商業地か住宅地かそれ以外か）を選ぶかを明確にするために、頭をいつもはたらかせていなければなりません。たとえば、丘陵地帯や川、果樹園などの眺めはすばらしいものです。多くの人にとって、眺めの良さは重要です。

3．取引条件

売主、銀行、そして自分が求めるもの。1と2を検討したうえで、関係者全員の求めに合わせて変えることができます。

4．立地

言い古されたことですが、土地の評価が上昇傾向にあるとき（新しい道路、会社、人口の推移など）、その場所には多くの可能性が隠されています。たとえばある土地について調べたところ、不動産需要が高まりつつあることがわかりました。

5．価格

「卸値」で素晴らしい「小売」不動産を買えれば最高です。しかし、これまでの基準でもわかるとおり、価格には多くの要素が含まれているのです。

6．人間関係

金持ち父さんはこれをネットワークと呼んでいます。人と話し、相手の言うことに耳を傾けること。人気の出そうな地域についての情報は何気ない会話から得られることが多々あります。（ある地域にデルコンピュータが進出すると耳にしたら、賃貸物件、新築住宅、店舗の需要が生まれることがわかります。）

次ページに挙げたのは、最近オースティンで購入した三件の物件の収支内訳です。そこからは毎年キャッシュフローが入ってきますが、私の予測では五年間でエクイティが三万一千ドル以上になるはずです。さらに、この地域では将来二つの大きな変化が起こり、三つのうち一件は、その変化によって将来重要な交差点になるはずの場所に位置しているのです。第一の変化は、空港に滑走路をもう一本建設する予定があることです。それによってハイウェイのルートが大きく変わり、私の土地を横切ることになります。すでに購入価格の二倍の値段でオファーが来ているほどです。

次ページ右は最初の不動産の収支内訳です（物件11）。この一戸建て住宅は、十三万四千ドルで購入しました。投資リターンとしては大きくないのですが、後になってこの不動産を売却する選択をした場合にはキャピタルゲインを得る可能性があります。

同じ地域の似たような不動産の価格は十七万五千ドルです。

二番目の不動産も一戸建て住宅で、価格は十二万八千ドルでした（物件12）。同じ地域にある似たような不動産の価格は十四万五千ドルです。

毎月かなりのキャッシュフローを生み出すもう一つの富の源泉は、航空機の格納庫と高級オフィスビルを購入したことで手に入れました。格納庫の内部は賃貸スペースになっていて、企業所有の高額なジェット機を安全に格納することができます。賃貸価格は航空機の大きさに応じて毎月約六百〜一千ドル。建物一棟につき平均十機の格納が可能なので、二十五万ドル以下で購入した土地から毎月八千ドル（年間約九万六千ドル）の総収入を得ることになります。

私はオフィスビルをエンジニアリング会社（たまたま私が最初に起こした会社）に貸し、さらに毎月四千ドル（年間四万八千ドル）の家賃収入を得ています。オフィスビルを購入するのに組んだ不動産ローンは十二万五千ドルでした。（ちなみに、私はこの会社を年間売上七百万ドルにまで成長させてから売却しまし

●物件12の収支内訳

購入価格	＄128,000
物件に投資した現金	
頭金	＄24,500
購入諸費用	＄6,000
修理/改築費	＄0
合計	＄30,500
月々のキャッシュフロー	
家賃収入	＄1,123.20
空家によるロス（5％）	−＄56.16
収入合計	＄1,067.04
月々の支出	
税金（固定資産税）と保険料	＄179.58
修理/メンテナンス費	＄41.66
管理費（家賃の10％）	＄112.32
ローン支払 (更新可能な返済期限5年のバルーン手形/金利5.25％)	＄635.58
支出合計	＄969.14
月々の純キャッシュフロー	＄97.90
投資収益	
年間のキャッシュフロー (＄97.90×12) ÷	＄1,174.80
物件に投資した現金	＄30,500
投資収益率	3.8％

●物件11の収支内訳

購入価格	＄134,000
物件に投資した現金	
頭金	＄28,350
購入諸費用	＄1,200
修理/改築費	＄6,200
合計	＄35,750
月々のキャッシュフロー	
家賃収入	＄960
空家によるロス（5％）	−＄48
収入合計	＄912
月々の支出	
税金（固定資産税）と保険料	＄117.91
修理/メンテナンス費	＄41.67
管理費（家賃の10％）	＄96
ローン支払 (更新可能な返済期限5年のバルーン手形/金利5.25％)	＄605.37
支出合計	＄860.95
月々の純キャッシュフロー	＄51.05
投資収益	
年間のキャッシュフロー (＄51.05×12) ÷	＄612.60
物件に投資した現金	＄35,750
投資収益率	1.7％

た。）

支出や負債を引くと、これら二つの物件からの毎月のキャッシュフローは四千三百ドルになります。それによってローンの支払だけでなく、私個人の支出もカバーできます。

私は起業した五社のうち二社をまだ所有しています。一社はテクノロジー・コンサルタント会社で、主に中小企業向けのビジネスをしています。もう一社は新しく創ったハイテク企業で、地域社会をベースにした広告やコミュニケーション・システムを扱う画期的な事業をしています。金持ち父さんのアドバイザーの一人、マイケル・レクターの"Protecting Your #1 Asset"（あなたの一番の資産を守る）を読んで、知的所有権を守ることの必要性を教えられました。

今年の目標は、最新のビジネスをうまく展開することです。それによって年末にはプラスのキャッシュフローが生まれるでしょう。五年後の目標は、毎月のキャッシュフローを五〜八万ドルにすることです。

●視野を変えれば、人生が変わる

金持ち父さんの教えのもっとも素晴らしい点は、希望がなく否定的な気持ちでいるために失ってしまった想像力とやる気を回復させてくれることだと思います。たとえば、こう考えてみてください。経済的な安定を得るという夢が現実とかけ離れていると考えるのは、それは、その人が何度も幻滅を味わったために、夢を実現する希望を捨ててしまったからなのです。

お金と金融に関しては、残念ながら周囲には肯定的な考え方をする人よりは否定的な考え方をする人の方が多いといえます。常に否定的なことを言われ続けると、想像力や実現するかもしれない夢のイメージがどんどん小さくなって、最後には消えてしまいます。そして時間がたつにつれ、その人の考え方や行動、達成できるかもしれないことが、悲観的な考え方に膜のように覆われてしまうのです。そうなると目標が失われ、やる気も消えてしまいます。もし建設的なアイディアを思い浮かべることができないなら、それは悪い考え方をする習慣のせいだといえます。金持ち父さんが教えてくれる情報は、ネガティブな影響をポジティブなものに変え、失望感と達成への希望の間の橋渡しをしてくれます。それによって自分なりの目標を作り、あるいは再生し、それに向かって進むことができるようになります。それは、何かができないという恐怖感に代わって、できることのポジティブなイメージを作り出すことができるようになるからです。

また、日々ただくり返している作業をシステマティックなものに発展させることによって、それまでの無知な状態からチャンスを見つけられる状態に変わるのだと考えます。この視点から見れば、金持ち父さんのグループによって、これまでどんなグループもなし得なかったほど価値の創造への理解が広められているといえるでしょう。

金持ち父さんの情報によって私が得たもっとも重要なことのひとつは、人生についての考え方が一新したことです。私は、自分が再び情熱を燃やすことができ、人生が常に代わり続けるものであることを理解しました。そして、世界経済が産業から情報へとシフトするのに合わせて新しいチャンスを見つけることができました。経済的自由は現実のものです。より良い将来への希望は存在するのです。

そのもっともパワフルな例を、私は自分で経験しました。私の長兄は何年も前に西部へ移って自分の会社を経営し、私たちの間は疎遠になっていました。(性格の違いからではなく、大家族で年齢差が大きかったためです。)私は最近この兄を訪問して、ぜひ『金持ち父さん　貧乏父さん』を読んでほしいと頼みました。兄のために一冊買って手渡したのです。私が運転する横で、兄はページをぱらぱらとめくりました。それから手を止め、声を出して読み始めました。兄が言うには、それまで経済の本を読んではいたけれど、お金がどのようにはたらくかについて本当に理解したことはなかったそうです。

兄は自分が読んでいるものを理解し、私のことを理解しました。そんなことは初めての経験でした。今では、私たちは共通の言葉で語り合うことができます。

私たちは、私がすでに経験したことについて話し合いました。つまり、自分は何を持っているという考え方から、これから何を持ちたいかという考え方への、非常にポジティブな変化についてです。どういう生き方をしたいかという見方を共有することで、私たちは性格の違いや経済的な違いを乗り越えることができました。

だれにでも、障害はあります。誰でも、嫌な経験をしたことはあるでしょう。しかし、自分には能力がないとか、いろいろな不足があるとか、憂鬱な気分や、否定的な考えなどを抱いても、良いことはありません。失敗のイメージを抱いたまま成功することなどできるはずがないのです。しかし、そうした経験を、夢を実現できないことの言い訳にする代わりに、前向きに使うよう自分で決めることはできます。金持ち父さんの本などで学んだ私の経験から、お金について言える確かなことは、人は常に価値を生み出し、見つけ、付け加えていなければならないということです。お金自体には良心はありませんから、個人の人生や言い訳、さまざまな問題とは無関係です。ですから、もし自分の人生に価値を見い出さなければ、しだいにお金は価値を見い出した人の方へ流れていってしまうのです!

私は自分で定めた目標をだいたい達成しましたが(ファラ・フォーセットにはまだ会っていません)、まだ四十代半ばです。これからも、まだ多くのことができると信じています。第一の目標は、情熱をもって社会への貢献を続けるために、完全な自由を手に入れることです。お金を持つこと自体は大きな喜びではないことがわかりました。一歩下がって、お金と引き換えに自分が作り出した価値を眺めることこそが、心からの喜びなのです。そして、それこそが、あらゆる良いことを生むのです。

第三部……新たな目標

私のもっとも強い信念のひとつは、人は自分が学んだものになる、というものだ。法律を勉強した人は法律家になるし、歴史を学んだ人は歴史家になる。しかし、それまで何を勉強したかとは無関係に、キャッシュフローを生み出すための投資の仕方を学んだら、経済的に自由になれるのだ。その後は、それまでの職業を続けてもいいし、引退したり、まったく新しいことを勉強し始めてもいい。経済的に自由であれば、自分の道を選べるようになるのだ。

さまざまな年代の男女が、金持ち父さんから学んだことで、自分自身についての考えを改め、人生を変えることができたと教えてくれた。

第三部では、ミネソタ州に住むトム・コトゥーラが登場する。彼はずっと発展性のない仕事を続け、請求書の支払に追われ、時間外労働が多いために家族と過ごすこともできず、人生が行き詰まっているように思っていた。サラリーマンで、お金もなかったトムは、自分自身や家族のために何かを変えることを決意した。そして金持ち父さんからお金について学んだことで、お金がないこと自体は投資をしてキャッシュフローを生み出すための障害にはならないことに気づいた。もしあなたが仕事で行き詰まりを感じていたり、他に選択肢がないことを理由にその会社に留まっているなら、トムの話を読んでほしい。きっと何かを感じるはずだ。

そして、私が育ったハワイに暮らすウェイドとキャロル・ヤマモト夫妻。私が初めて会ったとき、幼稚園の先生をしているキャロルはすでにネットワークビジネスを始めていたが、夫のウェイドはまだだった。二人がともに納得して、自分たちのために何がベストかを決めるくだりは、お互いにとって重要なことは何かについて考えることの良い例となっている。二人の話からは、カップルがひとつのゴールを目指して、ともに学び、働き、犠牲を払い、見事な成果を挙げることの素晴らしさが伝わってくる。「家族や友人、それに近所の人たちがどう考えるだろうか？」という不安の声は頻繁に耳にするが、彼らの話はそれについて触れるだけでなく、この聡明な二人が、金持ち父さんから学んだチームワークをまずは家庭で実践したことを教えてくれる。

また、ユタ州に住むマーセド・ホールと夫のジェフ、そしてジェフの双子の弟ジョンの話がある。ジェネレーションX（第二次世界大戦後のベビーブームの後、一九六〇年代から七〇年代半ばに生まれた世代）として生まれ育った彼らは、大いなる期待を胸に大学を卒業したとたん、期待を裏切られて予想外の苦境に立たされた。彼らの話は、高い教育を受けた大勢の人たちが、大学卒業後にドットコム産業や有名企業に多くを約束されて就職したものの、給料は多いがストレスも多く、得るものは少ないのに取られるものばかりが多いという問題を明らかにしている。

有望なキャリアを築けるはずの企業——そう教えられて勉強し、競争してきた——に就職したとたん、彼らは従業員でいることには向いていないことに気づいた。べつに、彼らが怠け者だったりやる気がなかったからではない。マーセド、ジェフ、ジョンは、この先三、四十年も他人のために働き続けたくはないと考えたのだ。彼らは経済的に独立すること、そのために自分たちの人生をコントロールすることを望んだ。

大学を良い成績で卒業するために多くの時間を費やして努力したのだから、たとえ自分に合ってはいないことでも「するべき」だと自分を納得させて時間を無駄にする代わりに、彼らは金持ち父さんから学び、投資を始めるための準備をした。目標は、経済的な安定を得るためにキャッシュフローを生み出すことだった。何度も恐ろしい思いを味わったというが、彼らはがんばった。金持ち父さんが言うように、失敗し、そこから学び、さらに進んで成功したのだ。

もっと大切なのは、要求ばかり多い仕事に失望したり、新興《スタートアップ》企業の株を売買して短期間で儲けようと考えている同年代の人々に対して、彼らが力強いメッセージを送っていることだ。彼らは自分について正しく認識し、まったく新しい方法で知識を手にすると、それを土台にして人生を変えた。燃え尽きたと感じたり斜に構えたりするのではなく、新しい可能性をつかんで行動を起こしたのだ。

ペンシルベニア州に住むケン・ホブソンは、自分の専門分野をもち、長年良い暮らしを続けていたが、何か物足りなく感じていた。彼は金持ち父さんのおかげでその何かを見つける方法を知ると、投資と新しい仕事とを結びつけることにした。引退後はどうなるだろうと心配する代わりに、毎月ますます多くのキャッシュフローが入ってくるという自信をもっている。

トム、ウェイド、キャロル、マーセド、ジェフ、ジョン、ケンは、「何かが起こる」のを待ってはいなかった。自分の人生に責任をもち、良い方向に変えたのである。現状に満足しなかった彼らは、経済的な安定に向けて進もうと、はっきりと心に決めた。よくある言い訳をしたり、なぜそんなことをするんだと周囲から聞かれても（そして、頭は大丈夫かとも聞かれたことだろう）耳を貸すこともなかった。「正体不明の災いよりは、正体のわかっている災いの方がいい」という言葉があるが、昔から言われているように現状維持で満足して新しく挑戦することを避ける（「経験もないのに、なぜうまくいくとわかるんだ？」）代わりに、彼らは計画を立ててリサーチし、互いに必要な援助をし、成功した。彼らは経済的自由を手に入れられる方法を学び、行動を起こしたのである。

第八章……宝くじに当たるより確実なこと

トーマス・G・コトゥーラ（ミネソタ州セントクラウド）

私は七年半もの間、郵便局での郵便の仕分けという発展性のまったくない仕事に就いていました。勤務時間以外にもできるだけ多く働いて、夜間や週末、祝日も働き、少しでも多くの手当を受け取ろうとしました。請求書がたまっていたので、それしか方法がなかったのです。私と妻は給料日から給料日へと綱渡りで暮らしていたようなものです。アルバイトもよくやったし、さらにその時間外勤務までしました。スクールバスを運転したり、ピザの配達をしたり、ゴルフコースで臨時の仕事をしたり。それ以外にも、いろいろな仕事をしましたが、満足のいくものは一つもありませんでした。私に欠けていたのは、人生を変えるための動機だったのです。それに、自信もありませんでした。自分では、経験不足なためにうまくいかないのだと考えていました。それに加えて壁となっていたのが、物事を先延ばしにする性格でした。

今から一年半前に自分の人生を変える方法と希望を手に入れる前は、私の銀行預金はほとんどからっぽでした。引退について考え始めたところ、年金をもらうまでにはあと十九年も不満を言いながら郵便局で働き続けなければならないことがわかりました。郵便局にもっている投資信託ばかりの年金口座が、私たちの唯一の投資でした。将来の見通しはそう明るいものではありませんでした。

金持ち父さんのおかげで、今では私たちの銀行口座には約九万ドルの預金があり、経済的にも充分に安定しているので、望めば十年くらいは働かなくても暮らしていけるほどです。私は海軍の退役軍人で、大学の三年間はスピーチと経営を勉強しました。三十三歳で、三歳の息子がいます。四十歳までには引退する計画です。

●昔ながらの方法に新たな目を向ける

私は以前から、なにか新しい方法でお金を手に入れることはできないかと考えることが好きでした。過去には、いくつか小さなビジネスを手がけたことがあります。ひとつはパートナーと共同で始めたもので、バーに置くゲームを扱っていました。小さな穴に二十五セント玉を入れて遊び、うまくいけば賞品が手に入るというものです。結局、パートナーは二千ドルを失い、私の方は損も得もしませんでした。それでも、このベンチャーは私にとって大きなステップとなりました。多くの人に向けて営業しなければならず、拒絶されても対処する方法を身につけたからです。

不動産やお金について書かれた本にも、ずっと興味をもっていました。そうした本を読み始めたのは、海軍に入った一九八八年のことです。不動産は魅力的な分野だと思いましたが、自分で購入する考えはありませんでした。でも、『金持ち父さん　貧乏父さん』の話を耳にすると、さっそく一冊手に入れて読み、さらに「金持ち父さん」シリーズの本を三冊読みました。そして昨年膝を手術して身動きが取れなかったときに、テレビでロバート・キヨサキのインフォマーシャルを見て、『ファイナンシャル・インテリジェンス』を購入しました。

●私のやり方

『金持ち父さん　貧乏父さん』を読んだ直後に、偶然が重なってセントクラウド郊外に最初の不動産を買うことになりました。三歳の子供をもつ私の妹が、狭苦しいアパートから出たがっていたからです。その町には人口六万人に加えてセントクラウド州立大学の学生一万四千人が暮らしているので、賃貸物件が豊富にあることは知っていました。ところが今回初めて、そうした物件が私にとって価値を持つことに気づいたのです。

不動産業者に賃貸用物件について尋ねてから三か月後、私と妹のどちらにとっても都合の良い三世帯住宅《トリプレックス》が見つかりました。提示価格は九万九千ドルです。私は九万四千ドルでオファーを出し、契約時に五千ドルが手元に残るようにしました。妹は初めて住宅を購入する人向けのローンを組むことができ、実際にこの三世帯住宅の一戸に住むつもりだったので、九万九千ドルの価値のある住宅に対して購入価格全額の融資を受けることができました。三十年のローンで金利は七パーセントです。これが非常に重要だったのは、妹も私も頭金にする現金をもっていなかったからです。

私は家賃の集金を担当し、妹が建物の公共部分および外側の手入れをしました。妹の家賃を割引しても、毎月三百ドルのキャッシュフローが生まれたので、妹と折半しました。これが収支内訳です（物件13）。

この物件を購入したのは二〇〇一年九月のことで、十一月には別の方法で賃貸用物件を買えないかどうか調べ始めました。それには理由があるのです。私たちの三世帯住宅にはかなりの修理が必要でした。私としてはまったく知らない分野の仕事に骨を折ることは避けたかったので、いろいろと人を雇うことになりまし

●物件13の収支内訳

購入価格	$94,000
物件への現金投資額	
頭金	$0
購入諸費用	$0
修理/改築費	$6,000
合計	$6,000
月々のキャッシュフロー	
家賃収入	$1,365
月々の支出	
税金（固定資産税）	$50
保険料	$40
修理/メンテナンス費	$0
光熱費	$150
ゴミ回収費/水道料金	$65
積立金＊	$0
ローン支払（30年/金利7%）	$760
支出合計	$1,065
月々の純キャッシュフロー	$300
投資収益率	
年間のキャッシュフロー（$300×12）	$3,600
÷	
現金投資額	$6,000
投資収益率	60%

＊キャッシュフローは全額積立金に入れる

た。ロバートと同様、私もトイレの修理をするつもりはありません。

しかし、最近ローンを借り換えたので、返済期限三十年で金利が四・五パーセントになり、毎月の不労所得が六百五十ドルになりました。私は新しいローンから二万五千ドルを引き出して、妹と折半しました。修理費に六千ドルかかったものの、どちらも約一万ドルの収入を得たわけです。この資金を使ってさらに不動産を買うつもりです。この物件はいまでも所有していて、毎月のキャッシュフローは二百五十ドルです。

こうして素晴らしいスタートを切ったわけですが、その数か月後には、目標を達成するため、つまり郵便局の仕事を辞めて経済的安定を手に入れるためには、別の方法が必要だと考えるようになりました。それには、土台となる不動産を探さなければなりません。私はその日のうちに、近隣の小さな町の集合住宅が多い地区で三エーカーの土地を見つけました。私はそこに二世帯住宅を五棟建てることにしました。

そのためにずいぶん多くのリサーチをしましたが、それだけのかいはありました。なんといっても、私には投資に使えるお金がなかったからです。でも、交渉の仕方がわかっていたことが、私に有利に働きました。ロバートがいつも言うように、必要なことは勉強しなければなりません。私はそれをちゃんとしたので、うまくいく方法をいくつも心得ていたのです。必要なのは、正しい公式を見つけるまで強い意志をもって調べ続けることです。

私は質問をリストアップし、本を読んで金融について学び、知り合いに尋ねたり専門家に電話で質問したりしました。最初の目標はローンを組むことでした。銀行やローン会社に電話をかけて、次のような質問をしました。

1. 相手が用意しているローンの種類
2. これから建てる住宅でもローンを組めるか
3. 頭金の種類。エクイティでもいいのか、あるいは現金のみか

4．ローン審査にパスするために必要なこと

その結果、すべてではありませんが、ほとんどの金融機関は前例のある方法でしかローンを組まないことがわかりました。一つの金融機関から答えを聞くと、すぐに次の金融機関に電話をかけました。

十社以上と話をした後、私の計画に耳を傾けてくれる金融機関が現れました。私が提出した資金報告書はとくに好印象を与えるようなものではありませんでしたが、自分で作ったビジネスプランはきわめて健全なものでした。この会社は、私の計画を理解してくれたのです。そこにある土地に、需要のある住宅を建てるのだから、どちらも損をすることにはなりません。また建築の専門家からアドバイスをもらっていたので、建設費を削れる箇所についても提示しました。そして、担保なしに八十四万ドルのローンを組むことができたのです。契約に必要だったのは握手と笑顔だけでした。

それまで建築に関わった経験がなかったことが少々不利でしたが、周りには経験者が大勢いました。妻は

●物件14の収支内訳

購入価格	$770,000
物件への現金投資額	
頭金	$0
購入諸費用	$3,500
修理/改築費	$0
合計	$3,500
月々のキャッシュフロー	
家賃収入	$7,900
収入合計	$7,900
月々の支出	
税金（固定資産税）	$40
保険料	$200
修理/メンテナンス費	$0
ゴミ回収費	$150
積立金	$100
管理費	$0
ローン支払（25年/金利7％）	$6,100
支出合計	$6,590
月々の純キャッシュフロー	$1,310
投資収益率	
年間のキャッシュフロー（$1,310×12）	$15,720
÷	
現金投資額	$3,500
投資収益率	449%

注：私は設備費を払わないが、ゴミ回収費を払っている。その分は、家賃を値上げすることでカバーしている。さらに、2、3人の借家人が、借りている家を購入したいと言ってきた。売るとしたら、価格の25％を彼らに融資して、残余所得を確保するつもり。

建設業界で働いていましたし、共通の友人がちょうど自分の住宅の建築を始めたところでした。私はこの友人と話をして、コンサルタントのような形で相談にのってくれないかと頼み、その代わりに彼が望む建設を任せることにしました。これはどちらにとっても素晴らしい話でした。また妻のコネのおかげで、資材の多くを非常に安く手に入れることができました。建物を建てるというアイディアが浮かんでから約半年後には、私たちはもう地面を掘っていました。

このプロジェクトが始まったのは二〇〇二年五月で、私は七月に郵便局を辞め（妻は仕事を続けることにしました。その仕事が好きなので、今でも働いています）、翌年の十月に建物が完成しました。十戸すべてに借り手がつきました。土地代と建設費で、七十七万ドルでした。それで、当初の八十四万ドルのローンから六万ドルを引き出して、別のプロジェクトに充てることができました。収支内訳は前ページのようになります（物件14）。

このプロジェクトの進行中に、セントクラウド郊外の別の町で、自分の家を建てることにしました。最初の家よりもずっと大きな家です（新しい家は四百四十五平方メートルで、最初の家の二倍以上の広さ）。建設費は約三十六万ドルでした。金利が二・九パーセントと低い特別ローンを組み、四十二万ドルを受け取りました。コネを使って好条件のローンを組んだ例として、知り合いのモーゲージ・ブローカーを訪ねて成功したものがあります。彼も私と同じように、以前は郵便局に勤めていました。このときは二十五パーセントの頭金を払うことで、低い金利でローンを組むことができました。

ローンの契約を結ぶと、それを担保に十四万ドルを受け取りました。この資金を使ってさらに住宅を建てても、あるいは賃貸用物件を買っても、その両方でも、夢のマイホームの代金を支払うためのキャッシュフローが入ってくるのです。

今年は、住宅を五戸建てて既存の借家人向けにしたり、新しい借り手を探したりするつもりです。これらの物件からは毎月六百ドルのキャッシュフローが入るでしょう。さらに家を建てて、三年後には毎月の収入

●不動産取得以前の収支内訳

毎月の収入	
私の給料	$2,000
妻の給料	$1,550
合計	$3,550
毎月の支出	
ローン支払	$1,000
クレジットカード支払	$800
教育ローン支払	$400
自動車の維持費	$500
保育園の月謝	$360
生活費	$1,000
合計	$4,060
資産	
不動産	$160,000
年金プラン	$14,000
合計	$174,000
負債	
自宅	$145,000
クレジットカードと教育ローン	$80,000
合計	$225,000

●不動産取得以後の収支内訳

毎月の収入	
家賃収入	$2,150
妻の給料	$1,600
合計	$3,750
毎月の支出	
ローン支払	$1,800
クレジットカード支払	$500
教育ローン支払	$400
自動車の維持費	$800
保育園の月謝	$360
生活費	$750
合計	$4,610
資産	
不動産	$2,030,000
年金プラン	$14,000
合計	$2,044,000
負債	
不動産ローン	$1,370,000
クレジットカードと教育ローン	$65,000
合計	$1,435,000

を二千ドルにまで増やす計画を立てています。今から七年後に、毎月四千五百ドルの収入を生み出し、さらにエクイティもある物件を持つことが、私の目標です。その時点での不労所得は六万ドルになるので、引退するつもりでいます。

収支内訳を見れば、私の話を信じてもらえるでしょう。そこで、前ページにあげたように、私の財務諸表に表れた不動産取得以前と以後の収支内訳をお見せします。

●行き詰まり人生に終止符を打つ

私は三世帯住宅を購入したときに、目標を紙に書いて、デスクの前の壁に貼りました。それを見るのはいいものです。

一年後——毎月一千ドルの不労所得
五年後——毎月五千ドルの不労所得

今のところ、毎月のキャッシュフローは、当初の計画の二倍以上あります。私は自分の経験から、次のようなことを学びました。

1．視野を広くもつ。問題を解決するために、独自の方法をもつ。いつも他人から教えてもらうばかりではつまらない。
2．他人の言葉に耳を傾ける。専門分野をもつ人は、自分の専門について喜んで話してくれるだろう。耳を傾けるだけで、多くを学ぶことができるはずだ。
3．すべてを自分一人ではできないことを自覚する。何もがっかりすることはない。必要な助けを求めることで、成功することができる。
4．金持ちになることを恐れるな。私の親は、子供にお金の話をすることはなかったし、大人同士でも同じだった。あらゆることを話すのに、お金についてだけ話さないのはおかしい。
5．いつも注意を怠らない。車を運転していて、何も建っていない土地を通るたびに、私はこう考える。「この土地を何に使えるだろう？」
6．何かを受け取るために、何かを与える。自分がもっているものは、惜しみなく与えよう。常に、周りの人々のためになる行動をするよう心掛ける。たとえば、既に書いたように、私の借家人が自宅をもちたがっていることを知って家を建て、かなりの額を割引して販売した。私にはそれが可能だったからだ。

●将来へのチケット

経済的な安定を求めて前進し始めたとき、私はそれがどれほど気分のいいものか知りませんでした。ロバートが言っていることは真実です。自分を金持ちとしてイメージできなければ、金持ちになることは不可能なのです。

多くの人が宝くじを買うのは、興味深いことです。そうした人は仕事にうんざりして、金持ちになりたいと思っているのでしょう。それなのに、宝くじに当たる以外の方法で金持ちになることについては考えもしないのです。もしあなたがラットレースに疲れているとしても、金持ちになるチャンスはドアを開けたところに転がっているのは確かです。それをつかめるなら、あなたもきっと金持ちになれます。その方が、幸運に頼るよりもずっと確実です。自分を信じ、自分にはできるのだと信じれば、もう二度と宝くじに頼らなくてもいいのです。

第九章……

二人の決断

ウェイドとキャロル・ヤマモト（ハワイ州ワイケレ）

私たちはずっと、不動産投資はリスクが大きすぎると考えていました。不確実なものを買って、お金を失うことになるのではないかと思っていたのです。私たちにとって不動産は近づき難く、恐ろしすぎて検討する余地もないものでした。

引退後のための投資も安全第一に行い、自分たちにとっての大金を失わなかったことで、たしかに短期的には安心していられました。しかし反対に言えば、大金を手にすることもなかったわけです。そして株式市場の下落と、とくに私たちが投資していたハイリスクの株が落ち込んだことで、職場の退職年金基金に入れたお金は約二万ドルの損失を被ってしまいました。

未知の事態への恐怖と、他人から後ろ指を指されるかもしれないという不安、この二つが私たちにとっての大きな障害でした。二〇〇〇年に友人から『金持ち父さん　貧乏父さん』について聞くと、ロバート・キヨサキが私たちと同様ハワイ出身であることから興味をもちました。私たちはオアフ島に住んでいますが、私はカウアイ島で生まれ育ち、キャロルの地元はハワイ島です。二人ともハワイ大学を卒業しました（専門はそれぞれ電気工学と幼児発達学です）。私の両親は商業学校を出ただけですが、私と妹は大学に通わせました。キャロルの家族も、大学教育を受けるべきだとの考えをもっていました。高等教育を受ければ、高い収入につながります。私たちはそう教えられ、それを信じてきました。

しかし、成功した人の本を読むと、そうした考えに疑問を抱かずにはいられなくなります。というのは、大学を出ることと実際に世の中で自分の力で成功することとの間には、大きな違いがあったからです。

『金持ち父さん　貧乏父さん』を読んだとき、ロバートの肩ひじを張らない書き方に驚かされました。経済的な自立について非常に多くの情報を、楽しみながら吸収することができ、不動産投資への恐怖心が消えていくのを感じました。そして金持ち父さんの本について最初に教えてくれた友人と一緒に『キャッシュフロー101』をするようになって、新しいことに気づきました。ゲームを始めるときにエンジニアや専門家のカードを配られたくない理由がわかってきたのです。（「なんでもいいけど、それだけはやめてくれよ！」と私は一度ならず口にしていました。）そうした職業の場合、ラットレースから抜け出すのが他よりも大変です。反対に、ビル管理人のカードを引いたときには勝ちました。また、最初のゲームのときにさまざまな職業のカードを眺めていて、給料の高い職業の場合は支出や浪費の金額が多いことに気づきました。うんとたくさん働かなければ支出を上回る収入を得ることができず、ラットレースを抜け出してファーストトラックに移ることもできません。それでも、職業カードはまさしく現実の世界の縮図であり、収入が高ければ、家も大きく、車も豪華になるといった具合です。

『キャッシュフロー101』をとおして私たちは現実に目を向けるようになりましたが、このゲームが真実そのものであることがわかったのは、実際にI（投資家）クワドラントに移った後のことです。ほかにも学んだことがあります。ゲームを何度プレーしたところで、そこで学んだことを実生活で活かさなければ、せっかく手にしたパワーを使わないことになり、時間の無駄遣いでしかない、ということです。このゲームからは、信じられないほど多くを学ぶことができるのです。

キャロルは数年前に早くもB（ビジネスオーナー）クワドラントに移っています。私立幼稚園の先生という仕事に疲れ切っていた彼女は、思い切ってパート契約に切りかえて勤務時間を減らすことにしましたが、それは彼女にとって大きな変化となりました。私はそんな彼女を応援しました。今では、キャロルは家にいて、私たちが七年前から行っているネットワークビジネスに集中しています。

●足を踏み出す

二〇〇一年の半ばには、私たちは、もし将来金持ちになりたいのなら、ライフスタイルを大きく変えるような決断もしなければならないのだと考えるようになっていました。そして自分たちが暮らす3Br（寝室三つ）の家（七年前に購入した時点では、だれもがマイホームを欲しがるものだと思っていました）を、まったく新しい目で眺めました。そこに住むだけで、公共料金は別にして月に二千ドルも支払わなければならない家です。三十万ドルで購入したときは、知り合いの多くと同様に、将来のいつかの時点でもっと高く売るつもりでした。ところが、費用をかけてあちこち修理したのに、不動産市場がこの時点でどん底にあったため、不動産価値が評価されずにローンの借り換えができなかったのです。家の価値が上がることを期待しても、そんなことは起こりませんでした。

しかし、収入をどんどん注ぎ込んでいるこの家を売れば、実際に「ゲーム」を始めることができるのです。その話をしたときのキャロルの最初の反応は、「友だちがどう思うかしら」というものでした。私が、今から二十年もこの家に住み続けたいかと尋ねると、彼女はよく考えた末にノーと返事しました。そこで、私たちは「もし……なら、どうなるか」リストを作りました。

1. もし、この家を売った代金を資金にして、毎月の収入を得られるような不動産を買ったらどうなるか。
2. もし、これほどお金のかからない家に住んだらどうなるか。
3. もし、ここに住み続けて何もしなければ、どうなるか。

私たちはそれぞれについて時間をかけて話し合い、二人がともに望むものは何かを考えました。「なぜこの家に住んでいるのか」について、正直な答えを出さねばなりませんでした。

私たちは二〇〇二年四月に損失を覚悟でこの家を二十六万ドルで売り、タウンハウスに引っ越しました。

実際には、Ｉクワドラントへ移ることが、キャロルと結婚してから最大の、そして初めのうちはとても困難な一歩でしたが、二人ともまったく後悔しませんでした。経済的自立を達成するためには、それしか道はないとわかったからです。

その三か月後、私たちは最初の賃貸用物件をホノルルで買いました。

●私たちのやり方

私たちは、ドルフ・デ・ルースの“Real Estate Riches”（不動産で金儲け）から大きなヒントを得ました。それは、不動産を買うときにお金を作るという考え方です。最初の投資は抵当流れ物件で、価格は五万七千ドル、そして頭金十パーセントが必要でした。恐る恐る行った初めての投資から、最初の一年間で四十二パーセント以上の収益をあげることができました。その四か月後には次の抵当流れ物件を価格六万三千ドル、頭金二十パーセントで買いました。この投資により、三十六パーセント以上の収益が可能になります。どちらの物件も３Ｂｒ／１Ｂａ（寝室三つ浴室一つ）のコンドミニアムで、百戸以上が入った大型マンションにあります。この建物の同様のユニットが、八万三千ドルで売却されています。

これら二つの物件は私たちの家から四マイルほどのところにありますが、引退して不動産エージェントになった私の元上司から紹介されたものです。海軍中佐だった彼女は、退官する数年前に、ハワイに住み続けるだけの収入を得るために不動産エージェントに転身したのです。その前の年から不動産を買い始め、三年間で七、八件を所有するようになっていました。いろいろと教えてほしいと頼むと、彼女は喜んで知識を分け与えてくれました。

彼女に連絡する前に、新聞やインターネットで不動産を探しましたが、これはという物件を見つけて連絡をしても、きまってすでに売れてしまった後でした。そこで彼女に、支払可能な金額と、希望の収益を告げました。彼女は私たちの考えを理解してくれ、不動産は常にあるので、時期が来たら適切な物件をちゃんと見つけることができると言って励ましてくれました。そして、その言葉は本当でした。

次ページの右が、私たちが二〇〇二年七月に買った賃貸用物件の収支内訳です（物件15）。

次ページの左は、二〇〇二年十一月に購入した二番目の物件の収支内訳です（物件16）。

私たちが得た知識では、投資した不動産を気に入りすぎることなく（抵当流れの時点での状態を見ればそんなことにはなりませんが）、数字だけに注目しなければなりません。この二つの物件の場合、私たちが物件を実際に見たのは、落札後でした。ロバートやドルフ・デ・ルースなどといった人と同じ考え方をする不動産エージェントであると同時によき師《メンター》である人物を得た私たちは幸運でした。

そういえば、二件目の物件を契約した後でキャロルがこう言いました。「自宅を売るまでに、どうしてあんなに時間がかかったのかしら?」（今では、二人ともそう言って笑っています。）

いま、私たちは三件目の不動産を探しているところです。投資による不労所得で、いま住んでいるタウンハウスのローン金利の支払をカバーできるでしょう。私たちにとって、これは驚くべき経済的変化です。

●ラットレースから片足を抜け出す

私はまだEクワドラントにいます。海軍基地で電話システムを管理する部で働いているからです。私は三十九歳ですが、四十五歳までに引退するつもりだと、すでに上司（三十歳）に告げています。軍の退官年齢である六十二歳とは、大きな違いです。今後三〜五年間の目標は、キャロルともどもIクワドラントにいながら、そろってビジネスオーナーになることです。不動産投資とネットワークビジネスの収入で生活しながら、より大きな投資について学び、投資先を見つけます。キャロルは幼稚園の先生として短期間ではより大きな収入を得ることができますが、私たちは長期的な計画として、自分たちの生活をコントロールすることを目指しているのです。それは、投資用に収入をためておく代わりに「つまらないモノ」を買う、従業員の生活には戻らないことを意味しています。

●物件16の収支内訳

購入価格	$63,100
物件への現金投資額	
頭金	$6,310
購入諸費用	$2,200
修理/改築費	$3,500
合計	$12,010
月々のキャッシュフロー	
家賃収入	$1,150
空家によるロス（5％）	－$57.50
収入合計	$1,092.50
月々の支出	
税金（固定資産税）	$19.09
保険料 （プライベート・モーゲージ保険）	$42.59
修理/メンテナンス費＊	$0
積立金	$0
管理費（ハザード保険を含む）	$252.29
ローン支払（30年/金利7.875％）	$411.77
支出合計	$725.74
月々の純キャッシュフロー	$366.76
投資収益率	
年間のキャッシュフロー （$366.76×12）	$4,401.12
÷	
現金投資額	$12,010
投資収益率	36.6％

＊床張り、電気・ガス機器の設置、配管工事などはすべて改築費に含めたので、当分の間は修理の必要はないものとする

●物件15の収支内訳

購入価格	$57,000
物件への現金投資額	
頭金	$5,700
購入諸費用	$1,900
修理/改築費	$3,500
合計	$11,100
月々のキャッシュフロー	
家賃収入	$1,150
空家によるロス（5％）	－$57.50
収入合計	$1,092.50
月々の支出	
税金（固定資産税）	$15.37
保険料 （プライベート・モーゲージ保険）	$53.85
修理/メンテナンス費＊	$0
積立金	$0
管理費（ハザード保険を含む）	$252.29
ローン支払（30年/金利7.75％）	$352.15
支出合計	$673.66
月々の純キャッシュフロー	$418.84
投資収益率	
年間のキャッシュフロー （$418.84×12）	$5,026.08
÷	
現金投資額	$11,100
投資収益率	45.3％

＊床張り、電気・ガス機器の設置、配管工事などはすべて改築費に含めたので、当分の間は修理の必要はないものとする

●周囲への影響

私が不動産投資をしている様子を見て、私の上司も将来の経済的安定を目指すことに決め、彼の元上司でもある私の不動産エージェントを通して最初の賃貸用物件を購入しました。ラスベガスにいる友人も私たちがあげた成果に触発されて、賃貸用物件を探しています。しかし、他の友人たちは金持ち父さんの警告に耳を傾けず、契約直後から現金を生むような投資に集中していません。そしてキャッシュフローをまったく生み出さない――もっとまずいことに、キャッシュフローが赤字になる――物件に投資し、いつかその価値が上がって収益を上げられることを期待しているのです。かつての私たちも、同じような考えで最初の自宅を購入し、結局は投資したお金を失うことになりました。

お金に関して私たちが信頼する唯一の人物は、私たちの投資用不動産エージェントです。私の意図がまったく理解できないファイナンシャル・プランナーを雇っていたこともありますが、それは過去のことになりました。「あなたはキャッシュフローを生み出す賃貸用物件をもっているか」がロバートの質問であり、お金のアドバイスをしてくれそうな人物には、私たちも同じ質問をすることにしています。

●自分の人生をコントロールできる

私たちが自宅を手放したとき、今後の人生がコントロール不能な状態になるのか、あるいは経済的自由を手に入れるために正しい方向へ向けて一歩を踏み出したのか、自分たちでも定かではありませんでした。正しいことをしていると感じ始めたのは、最初の賃貸用物件を買ったときです。そして、停滞していると感じたときには、金持ち父さんシリーズの本を読むか、『キャッシュフロー101』をすることにしています。二件目の賃貸用物件を見つけたとき、自分たちが正しい方向に向かっているのだと心から信じるようになりました。信じ難いことですが、たった一つの決断がそれほどまでに大きなインパクトを生んだのです。

私たちは常に、経済的に成功できるはずだと信じていましたが、その方法がわかりませんでした。ただゲームをしただけで、人生で成功するための方法を理解することができたのです。さらに良いことに、未知の状態への恐怖心を克服することができました。もし自宅を売ったらどうなるか、もし自分たちを信じて不動産に投資したらどうなるか。ひとたび行動してしまうと、考えていたほど難しくはないことがわかりました。目標はまだまだ遠くですが、たしかに正しい方向に向かって進んでいます。将来ひどい状態になって「あのときああしていさえすれば、今こんな状態ではないはずなのに」と考えるよりは、今行動してしまった方がずっといいのです。

第十章……三人で力を合わせて

マーセド・ホール（ユタ州ソルトレークシティ）

金持ちになるチャンスが私の部屋のドアをたたいたのは、私がブリガム・ヤング大学四年生で学生寮に住んでいたときのことでした。ドアを開けると、友人のアーロンがいました。興奮して息を切らし、あまりにも早口なので、スペイン語をしゃべっているのかと思うほどでした。「これを読まなきゃ、これを読まなきゃ……」そう言いながら、アーロンは紫色の本を私の鼻先で振り回しました。「この男には金持ち父さんがいて、まあ、本当の父さんは貧乏なんだけど、でも金持ち父さんの方は……」

私は何の話かさっぱりわからないまま、ぼんやりと彼の顔を眺めていました。アーロンの性格からして、ものすごく興奮しているのを見ても別に驚きはしませんでした。そんなふうに本をもってくるのは、初めてではなかったからです。彼の手から本を取り上げ、読んだら連絡すると約束しました。

勉強からひと息つこうと、私はその本を読み始めました。そして、ロバートと金持ち父さんの話にすっかり引き込まれてしまったのです。でも、私にはもっと差し迫った問題がありました。私は二十一歳で、中間試験の勉強をしつつ、専攻の経営情報システムのレポートを書いている最中だったからです。ビジネススクールの単位を取得するまであと一歩のところにいて、就職の面接を受けるのと卒業の準備とで大忙しでした。そんなわけで、『金持ち父さん　貧乏父さん』を脇に押しやり、そのうちにアーロンに返しました。彼は本が戻ってきて喜んでいました。

●ジェネレーションXの苦悩

大学を卒業するとすぐに、私はドットコム産業の新興企業で夢に描いていたような仕事を始めました。同年代の人たちと同じように、短期間でお金をためて、途方もなく価値のあるストックオプションの権利を行使してさっさと引退するつもりでいました。何十年も働いてようやく引退するなどという考えは、別の世代のものでした。

その計画は、はかない夢のようにあっという間に消えてしまいました。就職して三か月後、私はレイオフされたのです。ストックオプションは紙屑となりました。若くして引退する？　それが可能だという信念は、ナスダックの株価とともに崩れ落ちました。

次に就職したのは、ソフトウェア・エンジニアリングの会社です。そのときには、自分が会社員に向いていないことがわかっていました。給料日のたびに、税金がこれほど嫌われる理由を再確認させられました。私の給料からこれほどの額が引かれるなんて、信じられませんでした。学生の頃は、仕事を始めたらあれも買おう、これも買おう、と思い描いていました。でも、税金、車のローン、家賃を払ってしまうと、学生のころとたいして変わりばえはしませんでした。私は一生懸命に勉強して大学に入り、大学では専攻のクラスに入るためにたいへんな努力をしました。そして成績を上げようと必死に勉強したり、インターンシップ制度を使って働いたりして、「良い仕事」という金鉱を見つけようとしたのです。それなのに、これがそれなのだろうか？　一週間に九十時間も自分用の小さなスペースに座って、モニター画面でコンピュータコードを眺めるのが楽しいとは思えませんでした。とくに、自分で「稼いだ」お金をほとんどためることができないとあっては。

数か月後、腹を立て、うんざりしていた私は、ロバートと金持ち父さんのことを思い出しました。家に帰り、結婚したばかりの夫ジェフに、アーロンからほとんど強引に押しつけられた紫色の本について話しました。そして連れ立って本屋へ出かけ、その本を買ってきて一緒に読み始めました。その後、『金持ち父さんのキャッシュフロー・クワドラント』と『金持ち父さんの投資ガイド』も買いました。

ジェフは有能な起業家です。彼は人々が何を求めているのかがピンとくるうえに、交渉ごとにも熱心です。しかし、「起業家」という言葉は彼の家では絶対に使ってはならない言葉で、ビジネスマンは人間以下の生き物とされ「タイヤ売り」と呼ばれていました。彼の父親は教師でしたから、貧乏父さんと似たような考えの持ち主だったのです。

そこで、ジェフは周囲から求められるとおりに行動しました。成績は非常に良く、奨学金をいくつも貰っていて、ユタ大学に入り、日本語と会計学を学んで卒業しました。目標は、本当にいい仕事に就くことでした。

ジェフはいくつかの大企業で面接を受けました。成績は非常に良く、日本語を流暢に話すことも書くこともできました。ですから、二次、三次面接までいくのに、なぜ採用通知が来ないのかが彼自身も理解できずにいました。

ジェフは、たとえ拒絶されてもうまく対処していました。ですが一度だけ、ひどく傷ついたことがあります。彼と一卵生双生児の弟ジョンは、偶然にも同じ科目を専攻してGPA（成績平均点）のスコアもまったく同じでしたが、千人の応募者のなかから厳しい審査を通りました。二人はともに、会計事務所の大手五社の一社で金融アナリストの職を希望したのです。そして五、六回も面接を受け、大学からジェフ、ジョン、そしてもう一人の三人だけが選ばれ、サンフランシスコにある本部で最終面接に臨みました。そこまでいったのなら、入社したのも同然だとの噂が流れました。

面接から戻ったジェフとジョンはたいへんな緊張と興奮とで、感情を抑えられないほどでした。とうとう、電話がかかってきました。ジョンには金融／銀行部門への採用通知が届きましたが、ジェフにはありませんでした。

ジェフは私がそれまで見たことのないほど落ち込んでしまいました。茫然自失といった様子で、これからの人生をどう生きたらいいのかと私にくり返し尋ねるのです。周囲から求められることをすべてやった揚げ句、挫折した自分は負け犬だと感じていたようでした。やがて彼は周りからのアドバイスに耳を傾け、大学院へ進んでビジネス情報システムの勉強をすることにしました。そうすれば、本当にいい仕事を得るチャンスが広がると考えたのです。GMAT（大卒者の学力判定試験）を受けた結果、二〇〇一年秋には非常に良い学校に入ることになっていました。

でも私は、大学院に進むことで問題は解決するのだろうかと考えずにはいられませんでした。ロバート・キヨサキによれば、もっと高い教育を受けても、負債が増えるだけです。資産を増やす代わりに、負債の穴を深くするだけですし、大学院を終えたジェフが企業に就職するとしても、私は企業の仕事を心から嫌っていました。

ある日、私はジェフを座らせて、『金持ち父さんの投資ガイド』を読んで聞かせました。

「『最初に判断すべきことは、どのクワドラントにいれば長期的な経済的成功を収めるチャンスがもっとも大きいかだ』」私はEクワドラントを指差して、言いました。「あなたには企業が大金を払うような専門知識がないから、きっと社員として充分なお金を稼いで投資に回すことはできないわ。それに、あなたはすぐ文句を言うし、飽きっぽいし、ひとつのことに長いこと集中できないし、議論好きだし、言われたことをちゃんと守らない。だから、Eクワドラントで経済的に成功するチャンスが大きいとは言えないわね」

私たちは顔を見合わせ、一生誰かに雇われているのは嫌だとの考えで一致しました。どちらにも、良き労働者としての資質があるとは思えなかったのです。ジェフは、大学院に進んでも無意味だと考えるようになりました。私自身は大学で学んで良かったと思ってはいましたが、それを使って企業内の出世の階段を上ることが自分に向いていないことはわかっていました。私たちは自分がどんな人間なのか、何を求めているのかに集中することにしました。

ジェフと私は、キヨサキの大ファンになりました。ビジネスや人生に対する金持ち父さんのわかりやすいアプローチ法に感銘を受け、彼の言葉を引用するようになりました。「金持ち父さんはこう言った……」は私たちの会話の一部になりました。

●人生を変える

私は仕事を辞め、二人で支出を抑えて貯金で暮らしました。視野を広くもち、町で開かれるセミナーは何であろうが受けることに決めました。そしてセールス、金融、自己啓発、モチベーション、ビジネスについてのテープを何十本も買いました（今でも買っています）。私たちの最終的な目標ははっきりしていました。自分たちのビジネスをもって、若くして豊かに引退することです。とはいえ、人生のほとんどのことと同様に、それを実現するのは簡単ではありませんでした。

私たちは、キャッシュフローを生むために最初のビジネスを始めました。金融会社と、すぐに現金を必要とする小さな会社とを引き合わせるビジネスです。それを立ち上げるのに七千ドルかかりました。半年後に失敗したときには一万ドルほどを失っていましたが、その間に価値あることをたくさん学んだのです。

でも残念なことに、お金が尽きかけていました。

「君たちはどうかしているよ！　絶対に無理だ、ちゃんとした仕事をしろよ！」友人や家族は絶えずそう言って、「素早く金持ちになる」という考えを捨てるよう私たちを説得しようとしました。彼らには、そうやって素早く金持ちになれるなどとは思えなかったのです。

私たちは常に二つのことを自分たちに言い聞かせていました。金持ち父さんは、失敗は成功へのプロセスの一部だと言っています。アメリカのホリスティック医療研究の第一人者ディーパック・チョプラは、成功はプロセスであり、目標ではないと言っています。私たちはそれを信じて進み続けました。

金持ち父さんがロバートに、金持ちになるためには、エベレストに登るために必要なのと同様の心の準備をしなければならないと言ったのはなぜだったのかが、今になって理解できました。金持ちになると決意してそれを実行するためには、自分がもつすべてのものを注ぎ込まなければならないのです。金持ちになりたいという強烈な気持ちをもち、必要なことがあれば、どれほど難しくても学ぼうとする意欲がなければなりません。

白状すれば、私の性格が本当の意味で試されたのは、この時期でした。私にとっての障害である恐怖心と怠け心が頭をもたげたのです。ときには、専業主婦になってジェフを追い立てて仕事に就かせ、生活の面倒を見てもらった方がいいのではないかと考えることもありました。結局、私は女性なのです。請求書の支払は男性に任せればいいと教えられて育ちました。ときどき、安心感が欲しくなって落ち込み、泣くこともありました。

金持ちへの道を進み始めたころ、いつまでに宿題を終えなさいとか、いつテストがあるとか教えてくれる教師がいないことで、私はひどく苦しみました。何をいつしなさいと指示する上司がいないことに、どこか妙な気持ちになったものです。以前はスケジュールが決められていることが嫌でたまらなかったのに、いざスケジュールがなくなると、どうしていいかわからなくなってしまったのです。自己管理を学ぶのはたいへんなことでした。

ジェフは、自分の考えをはっきりと口に出しました。

「自分たちのビジネスを始めるのをやめて普通の仕事に就いたら、請求書を支払うくらいの収入は得られるだろう。でも、それでどうなるというんだ？　いつまでも、たとえ年寄りになっても、働き続けなければならないんだ。今二十代の僕たちが引退するころには、社会保険制度なんかなくなってしまっているだろう。だから、まだ時間のあるうちにどんな方法が必要かを考えなくちゃ……。『簡単な』解決策を採るわけにはいかないんだ」

ジェフが正しいことはわかりました。遅かれ早かれ、二人が働けなくなるか、働きたくなくなるときのために収入の道を確保しておくことが絶対に必要だったのです。私たちは若く、自分たちで判断することができました。

そして、私たちは判断しました。誰かに雇われるのではない道を選んだのです。千回でも失敗した方が、今後ずっとラットレースの中で生きていかなければならないよりはましです。私たちは失敗をいつまでも後悔し続けることをやめ、進み出しました。その間も、若くして豊かに引退するという目標を見失うことはありませんでした。

金持ち父さんは、ほとんどの億万長者は三回失敗してからやっと成功したと言っています。私たちは、次にすべきことは、ビジネスの中身を決めることだという結論に達しました。

●再びトライ

『キャッシュフロー101』を何度もすることで、そのヒントが得られるだろうと考えました。そこで、ラットレースから抜け出す戦略を立てて何度もゲームをくり返しました。その戦略とは、まずは小さな家を買って、小額の不労所得を得ることです。それから、適切な買い手に売却し、そのお金を資金にしてもっと大きな家を買い、もっと多くの不労所得を得ます。ラットレースから早く抜け出すためには、スモールディールよりもビッグディールの方が有利ですが、最初のうちはスモールディールが必要です。

『キャッシュフロー202』に進むと、キャピタルゲインを目的とした物件を買い、それを売った資金でキャッシュフローを生む物件を買うことができることに気づきました。ゲームで得た知識を使って、この新しい戦略を現実に試してみることにしました。私たちは二つのことを一つにまとめました。つまり、現金＋不動産＝得点、というわけです。次に、実際に家を買うことにしましたが、そのためにはチームにもう一人必要です。

私たちは、ジョンに加わってもらおうと考えました。彼が企業社会で大変な毎日を過ごしていることは知っていました。企業の内部を見たことで夢から覚めたジョンは、自分本位で昇進第一の企業文化にうんざりしていたのです。自分がその環境に合わないことにすぐに気づき、そこから抜け出す方法を考えていました。ジョンは就職する前にやはりキヨサキの本を読んでいました。そして金持ち父さんのアドバイスを聞き入れて、同僚のように無駄遣いをしないことに決めていました。周囲からあれこれ言われても、安いアパートを借り、車を買わず、お弁当を持参して、収入の三分の一でやっていました。そうして、十か月で二万ドル貯金することができたのです。ジョンはよく金持ち父さんの哲学「お金持ちはお金のために働かない」とか「給料中毒になってはだめだ」などを思い出して、支出を抑えてラットレースから抜け出す気持ちをもち続けました。ジョンと私はしょっちゅう、企業でどれだけ昇進したところで、給料が高いだけの従業員に変わりはないのだと話していました。

キヨサキの本を読み、仕事を嫌っていて、給料からどれほど大きな額を税金と支出に回さなければならないかに気づいたジョンは、五年間は現在の会社に勤めるという最初の計画を練り直しました。五年を一年に縮めて、その間にできるだけ多くを学ぶことにしたのです。ところが、十か月働いただけでレイオフされてしまい、ジョンは驚きながらも喜んでいました。

ジェフと私は、ジョンがレイオフされる前にも後にも、私たちと一緒にやらないかと誘いました。でも、彼はユタ州に戻るのを嫌がっていました。サンフランシスコでの生活が気に入っていたからです。そこで友人と共同で、ベイエリアで輸出入のビジネスを始めることにしたのですが、数か月間の市場調査とコスト分析の結果、ビジネスを始めても利益を得られないとの結論に達しました。つまり、私たちは三人ともビジネスに失敗したわけです。ジョンはとうとう私たちの頼みを聞き入れて、ユタに戻ってきました。こうして三人のビジネスが始まり、不動産を買う準備ができました。

●私たちのやり方

私たちは何百軒という家を見学して分析し、どの物件を買うか検討しました。"Real Estate Riches" の著者ドルフ・デ・ルースによれば、彼が見学した物件：オファーを出した物件：オファーが受け入れられた物件の比率は100：10：1です。私たちの場合も、それと同じでした。ユタ州の不動産市場で何週間も探し回りましたが、私たちの基準に合う物件は見つかりませんでした。たとえ見つかっても、現金払いの買い手向けでした。

それで、一層努力して探しました。物件を分析し、交渉し、オファーを出し、何十人という不動産業者と話をしました。その結果、ジェフが私たちが買うことになる最初の物件を見つけたのです。それはおばあさんが住むような二部屋しかない古い平屋の一軒家で、猫のおしっこの臭いが強烈にしていました。内部は薄暗く、キッチン、屋根、バスルームを新しくする必要がありました。そんな家は壊したほうがいいとまで言われたほどです。提示価格は七万五千ドルでした。私たちが四万ドルでオファーを出すと、不動産エージェントは腰を抜かしました。ドルフ・デ・ルースの本から、不動産業者はすべてのオファーを売主に提示するよう法律で義務付けられているという情報を得ていなければ、エージェントがそれを先方に伝えないだろうと思ったことでしょう。それで、あまり見込みはないと思いつつオファーを出しました。何週間もたってからようやく、売主は四万五千ドルで妥協しました。私たちは、支払は成約時に現金で行う、オファーが受諾されてから七日以内に決済するという条件を、オファーと一緒に出していました。

私たちは必死でした。このときには、自分たちが食べるのがやっとという程度の預金しかなかったからです。そんな状況を考えると、現金払いが条件のオファーが受諾されたことに大喜びしたのは皮肉なことでした。

私たちは現金をもっているパートナーを仲間に加えようとしましたが（買った家の修理は彼が請け負うということでした）、この人は欲を出して、家を自分のものにしようとしました。「君たちは若すぎて、とても信用できないんだよ」自分で四万六千ドルのオファーを出すと、彼はこう言って去っていきました。

彼がこのような行動をとったので、私たちは五万ドルのカウンターオファーを出そうとしましたが、その期限までに三日しかありませんでした。私たちは頭を絞り、現金をひねり出す方法を徹夜で考え続けました。その結果、クレジットカードで借金した金額をそっくり銀行に送金できることがわかったのです。クレジットカード・ローンの金利は十九パーセントですが、送金特典のおかげで六か月間は金利がゼロになるのです。私たちはこれを利用し、三人全員のクレジットカードでローンを組んで現金を集めました。こうして不動産を手に入れることができました。

（ここで、ひとつはっきりさせておきたいと思います。たしかに金持ち父さんは、何も考えずにクレジットカードを使ってはいけないと警告しています。私たちはクレジットカードでローンを組むことに対して慎重に行動し、経済的なリスクも充分に検討しました。このようなリスクの大きい行動は、そうした経験やファイナンシャル・リテラシーのない人にはお勧めしません。）

私たちはこの家を五万ドルで買い、一万五千ドルをかけて修理しました。十一万五千ドルの評価額がつき、三か月後に十一万三千五百ドルで売却しました。そしてクレジットカードによる借入金を返済し、残りのお金を次の不動産購入の元手にしました。金持ち父さんによれば、目標とすべきは物件を「買って転売する」ことではなく、所有する不動産がキャッシュフローを作り出すことです。とすれば、このケースでは私たちは不動産のディーラーであり、投資家ではなくなってしまいます。でも金持ち父さんは、「買って転売する」チャンスを活かして資金をため、その後キャッシュフローを作り出す不動産を買ってもいい、とも言っているのです。私たちは、それをしたわけです。

私たちはこの元手を使って、ソルトレークシティの別の物件の頭金を支払い、それを賃貸に出しました。この物件は十五万九千ドルというとても良い値段で買うことができました。家賃の平均は千二百ドルと千六百ドルです。修理によって最高の状態にしたので、千五百八十ドルで二年間の賃貸契約を結ぶことができました。

この6Br／4Ba（寝室六つ浴室四つ）の一戸建て（面積二百九十七平方メートル）の収支内訳は一三九ページ右側のとおりです（物件17）。この家の現在の評価額は二十一万ドルです。

●いま行っていること

私たちの現在の戦略は、低価格帯の家を転売して、ここに書いたような中価格帯の家を買って持ち続けることです。私たちが住んでいるユタ州の不動産市場では、低価格の家をさらに割引価格で買い、修理して、高値をつけて売るのです。それに、今では小さな家なら現金で買えますから、資金繰りのために余計な経費を使わずにすみます。その後、それほど豊かでない地区にあるこれらの家を、低価格で適当な家を探している人に売るのです。

低価格の家からは、中価格の家ほどのキャッシュフローが生じないため、実際にはケースバイケースで判断しています。物件ごとに収支を計算し——価格は五万ドルから十五万ドルまでと幅があります——それに基づいて、売るか持ち続けるかを判断するのです。今の時点で、九戸の一戸建て住宅を買い、四つを手元に残しています。

私たちの家から他の賃貸市場の他の物件よりも多くの収入が得られるのは、マーケティングの成果です。それに加えて、家が絶えず快適な状態にあるよう気をつけていますから、通常より高い家賃——平均で十パーセントは高い——を払ってもいいと言う人に貸すことができます。私たちは市場価格以下の値段で物件を買うわけですから、買うときと貸すときの両方で得をするのです。

また借家人を選ぶ際には、相手の信用度、保証人、職歴などをくわしく調べます。

買ったばかりの二世帯住宅（6Br／3Baで総面積二百三十二平方メートル）の収支内訳は次ページ左側のとおりです（物件18）。現在の評価額は十六万四千五百ドルです。

今はこの物件のローンの借り換えプロセスの最中で、現金が手に入ったら修理費と頭金に使うつもりです。借り換えによって借入金の額が増えれば、毎月のローンの返済額が六百九十八・五七ドルに増えるので、純キャッシュフローは二百八十ドル近くも減ってしまいます。しかし、まだ月々六百五十ドルのキャッシュフローがありますし、次の投資用物件の購入資金として四万二千ドルがあります。

●物件18の収支内訳

購入価格	$70,000
物件への現金投資額	
頭金	$7,000
購入諸費用（売主が支払った）	$0
修理/改築費	$35,000
合計	$42,000
月々のキャッシュフロー	
家賃収入	$1,825
空家によるロス（5％）	−$91.25
収入合計	$1,733.75
月々の支出	
税金（固定資産税）と保険料	$208.30
修理/メンテナンス費（家賃収入の6％）	$109.50
積立金	$50
庭師代	$20
管理費（家賃の10％）	$182.50
ローン支払（30年/金利7％）	$419.14
支出合計	$989.44
月々の純キャッシュフロー	$744.31
投資収益率	
年間のキャッシュフロー（$744.31×12）	$8,931.72
÷	
現金投資額	$42,000
投資収益率	21.3%

●物件17の収支内訳

購入価格	$159,000
物件への現金投資額	
頭金	$7,995
購入諸費用	$7,150
修理/改築費	$4,500
合計	$19,645
月々のキャッシュフロー	
家賃収入	$1,600
空家によるロス（5％）	−$80
収入合計	$1,520
月々の支出	
税金（固定資産税）と保険料	$161
修理/メンテナンス費＊	$0
積立金	$20
管理費（家賃の10％）	$160
ローン支払（30年/金利5.8％）	$960
支出合計	$1,301
月々の純キャッシュフロー	$219
投資収益率	
年間のキャッシュフロー（$219×12）	$2,628
÷	
現金投資額	$19,645
投資収益率	13.4%

＊契約により、借家人は修理費、ゴミ回収費、庭師代を負担する

別の二世帯住宅（5Br／2Baで総面積二百十三平方メートル）の収支内訳をお見せしましょう（次ページ右側、物件19）。現在の評価額は十五万九千ドルです。

家の転売に関しては、すべて現金払いで、市場価格の五十～六十パーセントの値段で買っています。ほとんどは外装や内装に問題があるだけで、構造的な欠陥のない物件です。売却にあたっては頭金をゼロとし、契約に際しての諸費用もこちらで負担します。買い手が融資を受けるのは銀行のみで、私たちはセカンドローンをつけません。したがって、売却した後の面倒もありません。

転売した家の収支内訳は、賃貸用物件のものとは異なっています。私たちが転売した一戸建て（2Br／1Baで七十八平方メートル）の収支内訳は次ページ左側のとおりです（物件20）。

私たちはこの家を九万四千三百ドルで売りました。買い手は市から契約の際の諸費用の支払を免除されていたので、私たちがその金額を負担することもありませんでした。

●私たちの現状

家を買い始めたのは、二〇〇二年四月です。最初の物件を買う前の私たちの経済状態は、一四三ページのとおりでした。

私たちはまだキャッシュフロー・クワドラントの左側から右側へ移る途上です。家を転売することでS（現時点では個人的に仕事をしているので）になりました。さらにBに移るために、家の転売をビジネスとして行うためのビジネスモデルを検討中です。でも、物件のいくつかを賃貸して不労所得を得ているという事実においては、すでにBにいます。

三人とも、この仕事に深く関わっています。主なビジネスは不動産なので、金持ち父さんのアドバイス「金持ちはお金のために働かない」に従い、私はローンの仕組みについてできるだけ勉強することにしました。そして資格をとってモーゲージ・ブローカーとして独立し、さまざまな銀行と仕事をしています。とて

●物件20の収支内訳

購入価格	$48,000
物件への現金投資額	
頭金	$48,000
契約時の諸費用	$0
(売主が負担。この場合は銀行)	
修理/改築費＊	$250
月々のキャッシュフロー	
家賃収入	──
月々の支出	
税金(固定資産税)と保険料	──
管理費	──
ローン支払	──
支出合計	──
月々の純キャッシュフロー	──
エクイティ(担保余力)	$48,250
評価額	$95,000
投資収益率	──
合計評価額	$47,000
私たちの費用合計	$48,250
販売価格	$94,300
費用合計	−$48,250
純利益/キャピタルゲイン	$46,050

＊この家は抵当流れ物件で、売主の投資家は修理をしたものの売却する前に破産したため、カーペットからキッチンに至るまで、すべて新しく完璧な状態

●物件19の収支内訳

購入価格	$97,000
物件への現金投資額	
頭金	$9,700
購入諸費用(売主が支払った)	$2,910
修理/改築費	$18,000
合計	$30,610
月々のキャッシュフロー	
家賃収入	$1,600
空家によるロス(5%)	−$80
収入合計	$1,520
月々の支出	
税金(固定資産税)と保険料	$192
修理/メンテナンス費	$96
積立金	$50
庭師代	$25
管理費(家賃の10%)	$160
ローン支払(30年/金利7%)	$580.81
支出合計	$1,103.81
月々の純キャッシュフロー	$416.19
投資収益率	
年間のキャッシュフロー	$4,994.28
($416.19×12)	
÷	
現金投資額	$30,610
投資収益率	16.3%

も楽しいですし、学ぶことも多く、必ず自分のビジネスに活かせると思います。ローンの取扱いをすることで、まずまずの収入が入るようになったのは嬉しい驚きでした。キャッシュフローが増えることはいつでも大歓迎です。ずっと不動産ローンの仕事を続けるつもりはありませんが、有能なモーゲージ・アドバイザーが見つかるまではと思っています。できるだけ多くの知識をもつのはいいことです。

ロバート・キヨサキは、投資の手段に強すぎる思い入れを抱いてはいけないと言っています。そこで、不動産をビジネスにしてはいますが、それだけに固執するつもりはありません。あらゆる種類のベンチャーに、経営状態が悪くないかぎりは関わっていきたいと考えています。

私たちの目標は、大型マンションや商業用ビルなど、大きな物件を買ってもち続けることです。それも米国だけでなく、外国にも持ちたいのです。ジェフとジョンは日本語が得意なので、日本でもビジネスをしたいと考えています。ジョンはタイ語も話せますから、タイもいいでしょう。さらに二人は漢字ができるので、中国にも進出したがっています（とくに中国ではビジネスチャンスが多いので）。ジェフと私はスペイン語が話せるので、南米のビジネスにも関心があります。

私がロバートの考えを取り入れたのは二十四歳のときで、今は二十五歳です。二十八歳だったジェフとジョンは今は二十九歳。お金持ちになるべく進み始めたとき、私たちのバランスシートに資産はなく、あるのは負債のみでした。所得計算書を見ると、入ってくるお金よりも出ていくお金の方が多かったものです。出ていくお金のほとんどは無駄遣いによるもので、唯一入ってくるのは給与所得でした。

それから一年のうちに、私たちは百二十五万ドル相当の不動産を買い、そのうち八十九万ドルを手元に残しました。今では不労所得と資産運用による所得、そして給与所得があります（一四五ページを参照）。ロバートとキムの目標（二人が投資を始めたときのもの）に倣って、所得の七十パーセントだけを使い、十パーセントを投資に、十パーセントを貯金に、そして十パーセントを慈善事業への寄付に回しています。以前のように無駄遣いすることはなくなりました。ビジネスを築く間はつつましく暮らしますが、金持ち父さん

●2002年4月の経済状態

支出	
市民税＊	$400
クレジットカード	$253
COBRA（保険）＊＊	$285
医療費＊＊	$100
携帯電話＊	$80
家賃	$400
固定支出	
食糧品＊	$300
ガソリン＊	$100
その他＊	$200
支出合計	$2,118
収入	−$250
合計	$1,868

収入	
母の手伝い	$250

＊税控除
＊＊部分的税控除

資産	
小切手：マーセド	$230
ジェフ	$524
小計	$754
貯金：マーセド	$440
ジェフ	$80
小計	$520
資産合計	$1,274

負債	
自動車ローン	$6,397
クレジットカード	$12,478
携帯電話	$240
負債合計	$19,115
資産合計	−$1,274
計	−$17,841

が定義するようなお金持ちになったら、それほど倹約しなくてもいいでしょう。引退が何を意味するのかについて、まだはっきりした考えはありませんが、五年後にはわかるようになっていると思います。

私たちがしたことは誰にでもできることですが、正しい考え方をするようになるまで一年かかり、その後ようやく最初の家を買いました。また精神的な準備や、いろいろな勉強も必要でした。私たちは常に学び続けています。他の人は私たちよりも早く準備が整うかもしれませんし、もっと時間がかかるかもしれません。人それぞれだと思います。

でも、それにかかる時間とは無関係に、準備(つまり、不動産についてマクロ、ミクロレベルで学び、投資と金融の戦略を立てられるようになること)には時間と努力が要るものです。そして辛抱強さも必要ですし、自分自身、とくに感情をコントロールできなければなりません。私たちが金持ち父さんの大ファンなのは、投資家が克服すべき感情について教えてくれるからです。

不動産投資において克服すべき最大の感情は、恐怖心です。良い物件が見つからないのではと考えたり、今買わなかったら二度と買えないかもしれないと恐れるあまり、悪い物件に手を出してしまう人がいます。ところが悪い物件ほど手に負えないものはないのです。また、借家人が入らないのではないかと恐れて、最初に問い合わせてきた人に貸してしまう人もいます。(大家の悪夢はそこから始まるのでしょう。)たとえ数か月分の家賃を得られなくても、適切な借家人に貸す方が、家をめちゃくちゃにされたうえに家賃を回収できなくなるよりはましです。

何かうまくいかないことを恐れて、素晴らしい物件をみすみす逃してしまう人もいます。必要なステップを踏んでその物件について調べたり計算をしたりすれば、潜在的なロスを避けることができるのに、それをしないのです。

私たちは成功への道を探している人たちの助けになることを願っていますが、常に注意深く行動してもらいたいとも考えています。基本的には、不動産投資で一夜にして大金を手にすることは期待しないほうがい

●2003年の損益計算書

月々のキャッシュフロー	
月々の所得	
自営のモーゲージ・ブローカー	$10,000
家の転売（1か月の平均所得）	$17,500
月々の不労所得	
不動産（純益）	$2,900
月々のポートフォリオ所得	
額面超過額	$2,000
収入合計	$32,400
月々の支出	
税金	$4,860
クレジットカードの支払	$150
家賃	$500
自動車の支払	$800
食糧品、衣料品	$500
保険料	$500
携帯電話	$200
支出合計	$7,510
月々の純キャッシュフロー	$24,890

●2003年1月のバランスシート

資産	
貯金	$65,000
ポートフォリオ	
株式	$2,700
トレーディング・アカウント	$18,500
不動産	$890,500
資産小計	$976,700
負債	
クレジットカード	$1,500
自動車ローン	$25,000
教育ローン	$0
不動産ローン	$324,000
負債小計	$350,500
無駄遣い	
自動車	$36,000
宝石	$12,000
その他	$15,000
無駄遣い小計	$63,000

銀行式計算による総資産　$1,039,700
（資産小計＋無駄遣い小計）
金持ち父さん式計算による総資産
$976,700
（資産小計のみ、無駄遣い小計は加えない）

負債合計　$350,500

銀行式計算による正味財産　$689,200
（銀行式計算による総資産－負債合計）
金持ち父さん式計算による正味財産
$626,200
（金持ち父さん式計算による総資産－負債合計）

いでしょう。私たちの周りでも、多くの「投資家」が家を賃貸あるいは転売しようとした結果、うまくいかなくて破産しています。実際に私たちは、こうした「投資家」がもっていて抵当流れになった物件を買いました。

そういうわけで、準備はとても大切です。私たちは、実際に購入する準備ができたと思えるようになるまで、不動産についての経験を積むようにしました。その方法は、現実には買えなくてもオファーを出したり、本を読んだりインターネットのサイトを見たり、地元の不動産市場について調べたり、といったことです。また、たくさんの不動産エージェントやブローカー、投資家と話をして、貴重な情報をいろいろと手に入れました。不動産投資は、自分のとるべき行動がわかっていれば、そう複雑なものではありませんし、プロセスを進めることができます。そんなことを言う私たちも、まだ勉強中です。

不動産投資で成功するためには重要な点が二つあります。ひとつは自分の感情をコントロールすることで、もうひとつは日々新しいことを学ぶために心を常に広くもつことです。

●ジェネレーションXの警告

ジェフ、ジョン、そして私は、ドットコム産業の急降下によって同年代の多くの人の人生がめちゃくちゃにされるのを目のあたりにしました。多くの夢が打ち砕かれ、将来に向けて安心感の代わりに不安感を覚える人が増えました。もしあなたが、ちょうど私たちがそうだったように、そんな思いを抱いているなら、このことを思い出してください。**「恐怖心に負けて、夢の実現をあきらめてはいけない。夢を失ったと思いこんでいるだけなのだから」**

恐怖心と毎日向き合っていれば、それを管理できるようになります。失望することなく、その夢をもち続けて、新しい方法で実現するのです。似たような考えをもつ人々を周囲に集めれば、皆があなたを助けてくれ、401（k）年金プランのような無意味なものを押しつけられたりしなくなるでしょう。もっとも大きなリスクとは、何もしないことです。

ロバートと彼のアドバイザーたちがいなければ、ジェフはきっとまだ大学院で勉強をしていて、ジョンと私は企業で嫌々ながら働き続けていたことでしょう。正しい方向に導いてもらったことに、本当に感謝しています。まだまだ学ぶことはたくさんありますし、最終的な目標を達成するまでには数多くの失敗に直面することでしょう。ですが、私たちはやる気満々で、それを楽しみにしているのです。金持ち父さん、ありがとう！

第十一章……発想の転換

ケン・ホブソン（ペンシルベニア州フィラデルフィア）

私の休暇の計画はごくシンプルなものでした。妻のスーと一緒にバミューダ諸島のビーチでピンク色をした砂の上にごろりと横になってのんびりすること。一九九九年のことで、私は疲れていて、何が一番したくないかといえば、何かに集中することでした。本ですら読みたいとは思わなかったのです。

たまたまスーは、旅行中に読むのにぴったりの本はないかと友人たちに尋ねていました。すると勧められた中に『金持ち父さん　貧乏父さん』があったので、彼女は一冊買ってバッグの中に入れました。飛行機の出発が遅れたため、私はあきらめてその本を開いて読み始めました。搭乗ゲートをくぐるときも読んでいたし、飛行機の中でも読んでいました。ビーチへ行きましょうよと妻にせがまれても、読みかけの章が終わるまで待ってくれと答えたくらいです。一冊をすっかり読み終えてしまうと、もう一度最初から読み始めました。読まずにはいられなかったのです。そしてあることに気づいて、背中がぞくぞくするほど興奮しました。「ぼくのことだ！」計画性のなさが失敗につながると書かれているのを読んで、私はそう思いました。それこそ私の問題だったからです。

家族のために経済的に安定した将来を築く方法があるはずだと思ってはいたものの、それが何かがわかりませんでした。しかし、ヒントは身の周りにたくさんありました。子供のころ、ニュージャージー州から車でブルックリンに住む親戚を訪ねるたびに、貸地と書かれた看板の立っている土地を見ては、不思議に思ったものです。今や、答えは明白でした。土地を貸せば、持ち主には毎月お金が入ってくるのです。私は保育園を経営している隣人について考えました。彼らは二年ごとに新車をリースしています。突然、私は理解しました。車はビジネスの経費とされているのです！　それに、日用品の多くも。「なるほど。そういうことだったのか！」私はそう口に出し、側頭部を文字どおりぴしゃりとたたきました。理解できるようになると、物事が回り始めました。

休暇を終えて帰宅するとただちに、ロバートの他の本やテープ、ゲームを買いました。そして、新しく貴重な情報をスポンジのようにどんどん吸収していったのです。

●過去はプレリュード

子供のころには、お金についてさまざまな考え方があることなど、思いもしませんでした。経済的に苦しい時代を生きてきた両親は、経済的な安定を心から求めていました。二人はニュージャージー州政府と連邦政府で働くことで、それを実現しようとしたのです。勤続三十五年の後、今は年金で生活しています。

両親は投資家としてはまったく無知でした。収入を生み出すような投資は——今でもそうですが——彼らにとっては別世界の話なのです。私はそうした考え方を、典型的な第二次大戦メンタリティーと呼んでいます。私が九歳のころ、両親は大きな借金を背負ってしまいました。父が郵便受けから郵便を取り出し、家にもって入る代わりに車のシートの横に押し込んでいるのを見たことを覚えています。電気が止められてしまったので、夜になると私と兄は同じ寝袋に入って体を温めようとしました。何かがうまくいっていないことは私たちにもわかりましたが、両親はなにも話してくれませんでした。

こうした苦しい時期を経験したことで、経済的な安定を手に入れるための方法はほんの少ししかないのだという、空虚な敗北感を抱いてしまったのでしょう。その方法とは①何十年も働いて年金をもらう、②お金をためる、③金持ちと結婚する、というものです。金持ちになる別の方法について私が自分の子供たちに教えることなど、想像もできませんでした。

そこで、私は自分が取るべき道を考え、コンピュータ産業でなら素晴らしいキャリアを築けるだろうと判断しました。生物学者になった叔母を除けば、大学まで行ったのは、家族の中では私だけです。

職場では、数年ごとに少しずつ昇進していきました。『金持ち父さん　貧乏父さん』を手に取ったときは、インターネットとテレビのショッピングチャンネルでたいへんな成功を収めていたQVC社で、プロジェクト・マネジャーとインターネット・プログラマをしていました。仕事は気に入っていたし、給料も悪くありませんでしたが、何かが欠けていました。我々にとって大きな投資である401(k)を引き出せる五十九歳六か月まで働き続ければ、スーと私の将来は安泰だと考えていました。（私たちはさらに六千ドルを株式市場に投じていました。）とはいえ、そうなるのは二十二年も先のことです。

六十歳近くまで働かなければならないのは嫌でした。経済的な安定を確保するために、なにかもっと良い、賢い方法があるはずだと感じていたからです。なぞなぞが頭にこびりついて離れないときのように、答えを見つけてすっきりしたくてたまりませんでした。スーも私もロチェスター工科大学で情報工学を専攻しましたが、二人の知識と経験を合わせても——スーは給与計算ソフトの販売で成功していました——答えは見つかりません。でもようやく、私は自分が求めていたものを見つけたのです。

私は、疑問を抱きつつも他の方法を知らなかったために進んでいた道を捨て、新しいコースをたどって経済的自由を手に入れることにしました。金持ち父さんの地図によれば、私の周りにはチャンスがあふれていたからです。

●最初のステップ

私は二年間、学習しながら行動しました。株式に投資していた六千ドルとIRA口座から引き出した一万ドルを、不動産投資に回したのです。（隣人の株式ブローカーからは、頭がおかしくなったのではないかと言われました。しかし、このときのお金は不動産のエクイティに形を変えて存在しています。もし株式に投資したままにしていたら、三分の一は失っていたことでしょう。株式投資はジェットコースターと同じで、上がるときはわくわくしますが、下がるときには胃がひっくり返りそうな気持ちになります。）

不動産のほとんどは、二〇〇〇年半ばに株価が暴落する前に得ていた利益で買ったものです。私にとっては、不動産がもっとも安全な投資といえます。

●私のやり方

私が最初にしたことはリサーチです。私のような初心者向けに投資勉強会を開いている投資家グループに参加しました。週末に行われる勉強会に約六十ドルを支払いましたが、これは有益な投資となりました。不動産投資の概要だけでなく、家の修理方法についても学ぶことができたからです。勉強会では、実際に家を見学して、それぞれの修理費がいくらかかるかという情報も得ることができたので、この勉強会にははかりしれない価値がありました。床張り、配管工事、屋根ふき、壁張りなどにかかる値段についてしっかりと教わりました。

次のステップは、ビジネスプランです。私は自分が求めるキャッシュフローを、物件につき税引後で月々百五十ドルに設定しました。

それから、物件を買う地区を、できれば自宅から三十分以内の場所で探しました。

その後、その地区の賃貸物件の家賃相場を調べ、私の興味を引いた物件と同様の物件を買う場合の価格を割り出しました。

次に、その地区の不動産を買う場合のローン利率とだいたいの税率を調べました。また不動産所有者協会の会費や保険料、上下水道料金についても調べました。

求める物件を所有するのにかかる維持費を計算し、その金額を理想コストとしました。買うつもりの物件には七百ドルの維持費がかかることになるので、月々八百五十～九百ドルの家賃が妥当かを検討しました。

私は五～七万ドルの物件を探しました。その価格帯なら、ローンの支払額は月々五百ドルですみます。

そうした条件に合うのは抵当流れ物件でした。そこで、インターネットで、住宅都市開発庁や退役軍人庁のリストを手に入れました。（地元の裁判所の帳簿にはすべての抵当流れ物件が載っているので、こちらの方が便利でした。）

私は抵当流れ物件を三戸買いましたが、どれもペンシルベニア州内にある一戸建て住宅です。資金は、自宅を担保にしたローンと、株式を売ったお金です。（多くの人が自宅を担保にして借金を返済したり、ボートなど資産にならないものを買っています。それに比べて、私たちの場合は不動産の頭金用なので、申し込んだローンはほとんどそっくり受け入れられました。負債をコントロールすれば、レバレッジを大きくすることができるのです。）今までに成立させたどの契約でも、頭金として購入価格の十パーセントを支払っています。

そのうち二軒の収支内訳書を次ページに記します（物件21、22）。

正直に言って、失敗もしました。原因は、ビジネスプランをちゃんと守らなかったことです。自宅から車で数時間かかる場所にあった一戸建ては、改築が必要でした。キッチンは使うことは使えましたが、目を閉じていないかぎり錆びついた金属製キャビネットが見えてしまいます。私はこの住宅を四万ドルで買って六万ドルで売るつもりでした。ところが、市場価格を把握していなかったために、この夢のシナリオは現実に太刀打ちできなかったのです。すぐにでも四万五千ドルで売ってしまえばよかったのでしょうが、それもしませんでした。

一年後、相変わらず見苦しいキッチンの物件は、まだ私の手元にありました。五千ドルかけてキッチンとバスルームを三か月間で修理し、その後七万二千ドルで売りました。とはいえ、長いこと所有していたために固定資産税をたくさん支払うはめになり、収支は差引ゼロです。

でも、不動産は寛大です。一度失敗しても、次のチャンスがあります。

●物件22の収支内訳

購入価格	$120,000
物件への現金投資額	
頭金	$12,000
購入諸費用	$2,400
修理/改築費	$1,200
合計	$15,600
月々のキャッシュフロー	
家賃収入	$1,450
月々の支出	
税金（固定資産税）と保険料	$432
修理/メンテナンス費	$ 0
積立金	$ 0
管理費	$ 0
ローン支払（30年/金利8%）	$807
支出合計	$1,239
月々の純キャッシュフロー	$211
投資収益率	
年間のキャッシュフロー（$211×12）	$2,532
÷	
現金投資額	$15,600
投資収益率	16.2%

現時点でのこの物件の評価額は$156,000

●物件21の収支内訳

購入価格	$89,000
物件への現金投資額	
頭金	$9,000
購入諸費用	$1,800
修理/改築費	$3,500
合計	$14,300
月々のキャッシュフロー	
家賃収入	$1,075
月々の支出	
税金（固定資産税）と保険料	$325
修理/メンテナンス費	$ 0
積立金	$ 0
管理費	$ 0
ローン支払（30年/金利8%）	$575
支出合計	$900
月々の純キャッシュフロー	$175
投資収益率	
年間のキャッシュフロー（$175×12）	$2,100
÷	
現金投資額	$14,300
投資収益率	14.6%

現時点でのこの物件の評価額は$123,000

●新しい働き方

二〇〇一年秋に、私はＱＶＣを辞めて転職しました。不動産を買うことで自信がもてたので、アメリカで最大の投資不動産仲介会社に勤めることにしたのです。今日では、何百万ドルという価値のある不動産を個人や法人向けに仲介しています。面白いことに、私には不動産販売の経験はなかったのに、不動産投資の市場や投資家の目標や思考方法などを知っていたためにこの会社に採用されました。

率直に言って、スー以外の誰もが、私はどうかしていると考えました。安定した仕事を辞めて、自分で不動産の仕事などをするなんて、と。とはいえ、コンピュータ画面を見ながら仕事をする分には、どちらもたいした違いはありません。

しかし、君は前にも自分でビジネスを始めたが、うまくいかなかったじゃないか、とも言われました。そういうことを言う人は、株式投資こそが経済的安定への道だと固く信じているのです。

私は、そうは考えませんでした。過去のビジネスが成功しなかったのは、単にお金を稼ぐために始めたからです。たしかに私は一九九八年にＩＳＰ（プロバイダ）の会社を立ち上げましたが、ビジネス用のシステムがしっかりしていなかったために失敗してしまいました。つまりプログラマとしての知識を使ってアルバイトをしていたわけで、私は個人事業主ではありましたが、ビジネスオーナーではありませんでした。

しかし、今回大きな変化を起こすにあたっては、苦労もありました。初日、私は不動産を売ってやるぞ、と意欲満々でした。しかし、売れませんでした。その次の日も売れず、三か月間はまるでだめでした。次第に疑念が頭をもたげ、呪文のように頭の中をぐるぐると回り始めました。「いったい何がいけなかったのだろう？　もう何か月も小切手を見ていないぞ」私は受話器を手にとり、いつでも戻っていいと言われていたＱＶＣに電話をかけそうになりました。

そのとき、ロバートの言葉を思い出しました。批判するのではなく、分析すること。自分の行動について、結果論でどうこう言ってはならない。私は大きく深呼吸して目の前の現実について考え、ちょっと待てと自分に言い聞かせました。私を雇ったのは手堅い会社です。まだチャンスはあります。過去の業績を振り返れば、自分がやり方を心得ていることは確かなのですから。この仕事に移るときに、スーッとじっくり考えました。そしてこの仕事のプラスとマイナスを話し合い、移るべきだという結論に達したのです。

変化は、その後で起こりました。今、私はある契約を成立させたところで、それによって二〇〇一年にQVCで稼いだ給料より多い金額を手に入れることになります。この後には四つの契約をまとめることになっていますし、アパート十二戸とコインランドリー付きの物件を始めとするいくつもの契約も成立を待っているところです。現在の会社に移ってから一年半で、収入は四倍になろうとしています。

●自分の人生は自分で切り開く

私たちの子供は九歳と五歳ですが、私たちがいつもお金について話をしているので、子供たちもお金を管理する仕方を学んでいます。二人は『キャッシュフロー・フォー・キッズ』から、無駄遣いをすると大変なことになるということを学びました。

私たちはまた、定期的に異業種の友人たちと一緒に『キャッシュフロー101』をしています。仕事やお金に対する恐怖心を口に出す人は多く、いまだにリスクだと考えるものに手を出したがらない人もいます。

私はかつて、401(k)はいろいろな商品に投資するからリスクが低いと考えていました。それが今は、すぐにお金を生み出さないような投資はリスキーだと考えています。また、どういう状況になったら手を引くかというはっきりした戦略をもっていないことも、リスクが高いといえます。

三年後には月々のキャッシュフローの合計が五千ドルになり、金持ちへのファーストトラックに乗るつもりです。でも、私はすでに充分な自由を満喫しています。スケジュールを自分で立てられるので、好きなときに家で子供と過ごしたり、ゴルフや釣りに行ったり、クライアントに不動産を見せたりすることができるのです。このライフスタイルは最高です。それでも他の人が経済的な自由を手に入れる手伝いをするのが気に入っているので、引退した後も不動産ブローカーの仕事は続けるつもりです。この数年間で本当に多くのことを学び、今も学び続けています。私にとっての基本は、次のようなことです。

1. 自分の決断に忠実に行動する。
2. すでに自分と同じことをした人が大勢いることを意識する。
3. 謙虚になる。学ぶことは常にあり、すべての答えがわかっているわけではない。
4. 自分の行動に自信をもつ。自分にはそれができると思ったとたんに、すべてがうまくいくようになる。
5. 辛抱強くなる。現在のスケジュールは現実的でないかもしれないが、そのうちに目標に到達できる。
6. ビジネスのプランを立てて、実行する。

もう一つあります。以前の仕事に自信をもっていたのは、その仕事の訓練を受けていたからでした。それでも、自分の経済的な方向を変える能力については自信がなかったのです。

辞表を出したとき、私は冒険を始めるつもりでした。それまでに学んだ知識と、それを自分のために活用できるという自信がなければ、そんな大胆な行動は取らなかったでしょう。私が乗り越えなければならなかった障害が怠慢さ（今でも、ときには自分を無理やり行動させなければならない）だったことを考えると、今こうしているのは驚くべきことです。でも、私がそれを望んだからなのです。

世の中の何百万人もの専門職の人々は、請求書の支払をするために毎日職場と家とを行ったり来たりしています。そこは、彼らが望んだ場所ではありません。しかし、自分が望む場所に行く方法はあるのです。それは存在しています。私が見つけたのですから。だから、あなたにもできるはずです。

第四部……………………どんなに若くても成功できる

どんな子供も生まれながらの天才だと、私は信じている。この章に登場する若者たち――アラバマ州に住む十歳の女の子、カリフォルニア州の十三歳の男の子、そしてたまたま親友同士のインディアナ州の二人の大学二年生――は、どんなに若くてもお金の勉強を始められることを証明している。アリソン、ジェイク、デビッド、マイケルの年齢はさまざまだが、彼らにはひとつの共通点がある。それは、それぞれが自分の生き方について考え、経済的自由に向けて進むために必要な収入を得る方法を見つけたということだ。

彼らはただ渡されるお金をもつだけで満足することなく、目標を定めてそれらを達成し、自分の方法で収入を確保した。彼らはまだ学生で、自分で人生を切り開くことを学んでいる最中だ。

かつての私と同様に、彼らにも、お金の勉強を始めるのに早すぎることはないと教えてくれる教師がいた。親や革新的な考え方をする高校教師から与えられた情報により、彼らは年齢とは無関係にキャッシュフローを生み出せることを理解した。

たとえばアリソンは、車の中で母親の『ファイナンシャル・インテリジェンス』のテープを聞いたことで、お金を生み出すビジネスを思いついた。ジェイクは両親が金持ち父さんの情報を使って不動産投資を行うのを見ていて、自分にもやれないはずはないと考えた。デビッドとマイケルは大学で勉強しつつ、お金について学んだことを自分の人生に応用しただけでなく、他の人たちにも広めている。高校で『キャッシュフロー101』をしたことで、自分がどう生き、どうお金を稼ぎ、社会に影響を与えるかについての考え方が変わったからだ。二人は広い視野で考えるようになり、新しい考えを大学でも実行に移した。

これらの若者たちは、誰からもお金を稼ぐ方法を見つけるよう強制されたわけではない。彼らの親の一人として、もう小遣いをやらないと脅した人はいない。彼らは金持ち父さんの情報に励まされ、成功するビジネスを自分で作り出したのだ。

アリソン、ジェイク、デビッド、マイケルは、自分にできることを理解し、次のステップを踏み出したことで、経済的安定への道を他の人よりも先に進み始めた。彼らは、ビジネスを始めたり投資用不動産を買ったりするのに年齢は無関係であることを示してくれる。この四人は躊躇することなく――そして恐れもせずに――自分が何をしたいのかを考え、それを実行した。若い彼らは、多くの大人とは違い、あれは不可能だ、これはすべきでない、などと何年も言われ続けてきたわけではない。そして新しいことや失敗に対して恐怖心を抱かなかったことで、成功の土台を築くことができた。どんな障害があっても、彼らは目標を達成することだろう。

四人は起業家精神を発揮し、喜んで困難に挑戦し、リスクを冒している。目標を達成するために、お金に関するスキルを磨き、起業家精神を高め、その過程を楽しんでいるのだ。彼らはすでに、誰か他人のために働いて給料を稼ぐことと資産を買って経済的安定を得ることとの違いを理解している。金持ち父さんの情報を本で読んだり、テープで聞いたり、ゲームをしたりすることで、チャンスがたくさんあることを知り、以前よりもチャンスに気づくようになった。それは、彼らが「成功したい」というメンタリティをもつようになったからだ。

アリソン、ジェイク、デビッド、マイケルは次のことを学び続けている。

1. 小遣いや、もらったお金を資産に変えれば、さらにお金を生んでくれる。
2. 将来への投資とは、今すぐに投資することを意味する。現在の喜びよりも、将来キャッシュフローを得ることの方が、価値が大きい。
3. 学生であっても、現実の世界に生きていることに変わりはない。お金、資産、負債の知識があり、経済的安定を得るために何をすべきかがわかるはずだ。
4. 他人の手本となり、自分が学んだことを教えるのは、人生で大切なことだ。
5. 良い負債であるかぎり、負債を恐れることはない。資産を買うためにお金を借りることは良い負債であり賢い方法であることを理解する。資産は収入を生み出す。つまり自分のお金が働いてくれているのだ。

6．社会に還元することは、金持ちであることのもっとも大切な一面である。

四人は、経済的安定は自分のやり方で手に入れるという金持ち父さんの力強い教えを学んだ次世代の人々の良い例であり、誰もがこの教えを学ぶべきだ。うんと早くから時間と努力を投資してキャッシュフローを得ることは、彼らにとってごく自然な行為となっている。彼らがすでにあらゆる種類の可能性に気づいていることを、読者も理解するだろう。

エネルギーにあふれ、じっくり考え、お金のゲームに勝つ彼らを見れば、一度でも「自分にもそんな勇気があったら」と考えたことのある人なら必ず影響を受けるはずだ。やる気と「自分にはできる！」という考えは、伝染するものである。どうか彼らの話を読んで、影響を受けてほしい。

第十二章……早すぎることはない

アリソン・クベイラ（ジョージア州カミング）

去年、四年生だったときの担任の先生から、自分が影響を受けた人についてレポートを書きなさいと言われました。私は最初、お母さんについて書こうと思いましたが、クラスの誰も思いつかないような人について書くことにしました。それは、ロバート・キヨサキです。彼についていろいろと知っているのは、お母さんが私と弟を車に乗せて学校やショッピングセンターなどに行くときにはいつも『ファイナンシャル・インテリジェンス』か『金持ち父さん　貧乏父さん』のテープを流しているからです。

お母さんが『キャッシュフロー・フォー・キッズ』も買ったので、家族みんなでプレーしています。弟のエリックは私より先に一度ミリオネアになったことがあります。エリックはそのとき七歳でしたが、今は八歳です。

テープを聞いているうちに、私は新しい方法でお金を稼ごうと考えるようになりました。週に五ドルのお小遣いと、週末や夏休みに道端でレモネードを売って稼ぐだけでは、とても足りないからです。

お母さんからはいつも、自分でお金を溜めて欲しいものを買いなさいと言われています。お店に行くと、何かがものすごく欲しくなり、お小遣いを前貸ししてと頼みますが、お母さんはいつも駄目だと言います。

私は自由に使えるお金がもっと欲しくなったので、自分のビジネスを始めることにしました。そのとき私は九歳でした。学校でもたくさん勉強しますが、金持ち父さんのテープを聞いたりキャッシュフローゲームをしたりするうちに、どんなに若くても自分のビジネスを始められるとわかったからです。

私はまず、水槽に入れたり飾りにしたりするような石を、近所の人たちに売ることにしました。お母さんはうまくいくはずはないと言いましたが、一軒一軒回ると、少しは売れました。それで金持ち父さんやお母さんから言われたとおりに、遣ったお金と稼いだお金の記録をつけました。

次に、キャンドルを売ることにしました。三年生のときにクリスマスパーティ用に作ったときに、キャンドル作りが好きになったのです。このビジネスをしたことで、キャンドルの材料を責任をもって買うことだけでなく、新しいことも学びました。

まず、通りを歩いて一軒一軒回って売ろうとしましたが、あまりうまくいきませんでした。それで、インターネットで売ることにしました。インターネットなら、誰も私を見ることはないので、年齢は関係ないからです。

私はビジネスオーナーになりました。ウェブサイトを作るのは、お母さんが手伝ってくれました。名刺を作って、学校や教会で配りました。必要なものは、お小遣いをためたお金で買いました。注文を受けるとすぐにキャンドルを作り、発送しました。

ビジネスを始めるのにかかった費用は二十～三十ドルで、今のところ五十～六十ドルの収入があります。すごくうまくいっているので、弟のエリックをアシスタントにしたくらいです。

金持ち父さんのテープをもっと聞けば、他にもいろいろなことができそうな気がします。自分のやり方を見つけるのは、そう大変ではありません。何か自分の好きなことをビジネスにして、うまくいくようにすればいいのです。それに、一生懸命にやれば、どんなことが起きても成功できるとわかっています。学校の成績だってオールAなんですから！

第十三章……

ゲームに勝つこと

ジェイク・コルマン（カリフォルニア州ベニス）

僕は最初の賃貸物件を買ったばかりです。フロリダ州にある3Br／2Ba（寝室三つ浴室二つ）の新築の一戸建てです。それだけなら、別にそうめずらしくもないかもしれません。でも、僕は十三歳半です。僕にとって、不動産投資をするのはごく当然のことです。どうやってそう考えるようになったかを知ってもらえば、僕の言うことに賛成してもらえると思います。

●たった何年か前のこと

「僕もやりたい！」今から三年半前に、両親が新しいボードゲームをしているのを見て、僕はそう言いました。そのゲームはモノポリーに似ていました。モノポリーは大好きだったけど、簡単すぎるのでしばらく続けるとつまらなくなってしまいます。このゲームは面白そうに見えたし、名前も変わっていました。『キャッシュフロー101』をするのは楽しいし、それまで全然知らなかったことをたくさん知りました。それに、びっくりするようなこともたくさん書かれています。良い投資用物件がどう見えるかといった細かいことや、バランスシートの読み方が面白いと思えるなんて、自分でもびっくりです。そして資産と負債の違いや、投資するときにどういう収支分析をするかなどがわかるようになりました。別に難しくはなかったし、計算だって簡単です。これまで数字がこういうふうに並べられているのを見たことがなかっただけです。

一番いいのは、それまでは考えなかったようなお金の稼ぎ方があることを知ったことです。もちろんお金を遣うのは好きだけど、このゲームのようにお金を儲ける方法を知ったのは初めてです。僕はそれまで、不動産というのは自分が住む家のことだと思っていました。今では、建物になぜ「貸室」という看板が出ているのかがわかります。その建物の持ち主が、部屋を貸してお金を儲けようとしているからです。不動産には価値があるのです。

でも、僕が学んだのは不動産のことだけではありません。株式と投資信託の違いは基本中の基本で、すぐにわかることです。株でお金を増やすには、その仕組みを理解して行動しなければならないことも、キャッシュフローゲームをするうちにはっきりとわかりました。

ゲームが終わると、両親と僕は何がうまくいって何がうまくいかなかったか、そしてその理由について話し合いました。初めてのときは、ラットレースから抜け出すのに何時間もかかりました。その後、僕たちは『キャッシュフロー202』をするようになりましたが、これは『キャッシュフロー101』よりもたいへんです。でも今では、ラットレースから抜け出すのに三十分もかかりません。この二つのゲームがとてもいいのは、実際に行動する前に必要なことを教えてくれるからです。そしてゲームで使われているルールは、現実の世界でも使えるものです。自分が何をしているのかがわかれば、リスクはうんと小さくなります。だから計画を実行に移すときに、そんなに怖がらなくてもよくなるのです。

●自分に投資するのに若すぎることはない

六歳か七歳のとき、僕は家の前にスタンドを出してレモネードを売りました。僕の家は教会の向かいにあります。このビジネスはたちまち大ヒットしました。日曜日の礼拝が終わると、みんな暑くて喉が乾いているし、日曜日には礼拝が四回もあるからです。

僕は儲けを再投資して小さなかき氷器を買い、レモネードと一緒にかき氷も売り始めました。暑い夏の日には家の角を回るくらいに長い行列ができて、ほとんど毎週、売り切れになりました。すぐに、その儲けで最初のコンピュータを買いました。（父のビジネスを手伝って稼いだお金と、車を洗ったり家事をしたりして稼いだお金も足しました。）

両親はいつも僕のビジネスを手助けしてくれたし、仕入値と売値について理解するのを手伝ってくれたり、人件費が儲けに及ぼす影響（友だちに手伝ってもらって、お金を払った場合）や、効果的なマーケティングや宣伝の大切さを教えてくれました。

五年生のとき、僕はオーダーメイドのキャンドルを作るようになりました。その年の選択科目で、キャンドル作りを習ったからです。キャンドル作りは楽しいし、もっといいことに、それが売れることがわかりました。

ある日、両親と一緒に近所の人気レストランで食事をしていて、どのテーブルにもキャンドルが置かれているのに気がつきました。僕はチャンスだと思ってオーナーに会い、その店にキャンドルを卸したいと話しました。僕たちは毎月店に決まった量を卸すことで契約を結びました。

ビジネスを始めるために、母から五百ドルを借りました。まず、キャンドルを手作りしたら費用を削れるかどうかを計算する必要がありました。それで、登校前と放課後、そして週末に何本のキャンドルを作れるかを調べましたが、自分で作っても効果がないとわかったので、インターネットでキャンドルの卸会社を探しました。その結果、仕入れ先と、僕のオーダーメイド・キャンドルを卸すのにぴったりの相手も見つけたのです。やったー！

完成品のキャンドルが安定して手に入ることがわかったので、他のレストランにも出かけてオーナーと話をしました。無料配達といったサービスをもちかけると、彼らは僕の話を聞いてくれ、僕が若いけれど責任を果たすだろうと考えてくれました。僕も期待を裏切りませんでした。思いがけない事件が起こったときも、慌てたりしませんでした。一度、注文を受けて仕入れ先に連絡した後で、レストランが注文数を減らしてきたことがありましたが、落ち着いて対処しました。キャンドルは置いておいても悪くならないので、その分は別のレストランに卸せばいいわけです。

最近、僕たちが通っているシナゴーグ（ユダヤ教の教会）でハヌカー祭（宮清めの祭）があったので、キャンドル作りセットをもっていきました。このお祭りは資金集めも兼ねていたので、子供たちを集めてキャンドル作りを教えました。みんな、大喜びしてくれました。僕は自分でつくったハヌカー祭の絵柄のキャンドルを親たちに全部売って、儲けの一部をシナゴーグに寄付しました。寄付することは大切ですから。

僕は母から借りたお金を一年後に返しました。ビジネスの儲けは一年に約千ドルです。父が僕のコンピュータに会計ソフトをインストールしてくれたので、帳簿をつけ、父に定期的に会計報告書を見てもらって経営状態をチェックしています。今は、僕の会計記録が正しいかどうかを父が雇っている会計士に見てもらえないかと父に頼んでいるところです。

一番最近のビジネスは、父の会社の広告をグラフィックアートで作ったことです。そのときには、たくさんのことを教えられました。八時間かけて広告を作り、とてもいい収入になりました。このときの収入は、キャンドル・ビジネスで一年がかりで稼ぐよりも多かったのです。でも小切手の金額を見ると、税金がものすごくたくさん引かれていて、僕の取り分は信じられないくらい少なくなっていました。僕くらい若くても、なにかが間違っていることはわかります。

そのこともあって、経済的に独立することを教えてくれた両親と金持ち父さんに感謝しています。経済的に独立すれば、毎週の給料に頼らなくてもよくなるからです。ここ何年か、両親が不動産を買うのを見てきて、僕も自分の不動産を買いたい、そうすれば大学の資金も溜められるし、経済的に独立する準備を始められるから、と両親に言いました。

●僕のやり方

最初にしたことは、収支計算が正しいかどうかを確かめることです。

家の購入価格は十一万千六百ドルで、頭金は五パーセントでした。頭金は、バルミツバー（ユダヤ教の男子が十三歳になるときに行う成人式）のお祝いにもらったお金や、ビジネスの儲けなどを溜めたお金で支払いました。新築の家だったので、何年かは大きなメンテナンスや修理の必要はないでしょう。なにか大きな支出があっても、十年間の新築家屋保証《ホームワランティ》でカバーされます。その後のメンテナンスや修理は、住宅用の口座に貯めておく積立金で支払うつもりです。収支内訳は次のようになります（物件23）。

たしかに、キャッシュフローはたいした金額ではありませんが、この最初の物件は、両親が初めて買った物件に似ています。（実際には僕のほうがうまくいっているのです。というのは、両親の家は初めのうちキャッシュフローがマイナスだったからです。）僕は、借家人が払う家賃でこの家のローンを返済しながらキャッシュフローを手に入れるつもりでした。投資収益率はたったの四パーセント（評価額の上昇分や節税分は除いて）ですが、この家は僕のために働いてくれているし、もしかすると評価額が上がるかもしれません。今では、住宅開発業者が同じような家を十二万六千ドルで売っていますから。僕が買ったときより一万四千ドル以上値上がりしています。

●物件23の収支内訳

物件への現金投資額	
頭金	$5,580
購入諸費用	$1,520
修理/改築費	$0
合計	$7,100
月々のキャッシュフロー	
家賃収入	$1,125
空家によるロス（フロリダ州は賃貸市場が強い）	$0
収入合計	$1,125
月々の支出	
税金（固定資産税）と保険料	$350
修理/メンテナンス費	$0
積立金（支出はキャッシュフローでカバーされる）	$25
管理費（家賃の５％）	$56.25
ローン支払（30年/金利6.5％）	$670
合計	$1,101.25
月々の純キャッシュフロー	$23.75
投資収益率	
年間のキャッシュフロー（$23.75×12）	$285
÷	
現金投資額	$7,100
投資収益率	4.0%

もし僕が考えているように、これからの二年間でこの家の評価額が上がったら、プライベート・モーゲージ保険（ＰＭＩ）を外して、キャッシュフローを増やすことができます。ＰＭＩというのは、一定のローンを組む人が契約を義務づけられている、付加的な保険のことです。

そのうちに家賃を値上げすれば、キャッシュフローも増えるでしょう。毎月入ってくるキャッシュフローで支出がカバーされるので、僕は勉強に専念していられます。お金の心配をして時間を無駄にすることもありません。家の評価額が充分に上がったら、ローンを借り換えてお金を引き出し、大学資金に充てるつもりです。（このお金を使って別の不動産を買うという選択肢もあります。）この投資には、悪い面がないように思えます。

僕はこれまで借金をしたこともないし、収入も（ローンを申し込めるほどには）ないので、両親が僕のためにローンを組んでくれました。でも、証書には両親の名前と並んで僕の名前が書かれています。家賃収入はすべて僕名義の別の口座に入れ、すべての支出はこの口座から支払われます。もし修理やメンテナンスが必要になったら、キャッシュフローのお金を使えばいいのです。

金持ち父さんは、つまらない物を買う代わりに資産に投資するよう教えてくれました。そして、僕はまさにそれをしているのです。

●まだ始まったばかり

もうひとつ、僕がいま学んでいる大切なことは、誰もが利益を得るような契約をどうやって結ぶかということです。僕の夢は自分の潜水艦を造ることです。大きさは長さ十フィート、幅三フィートくらいで、二人乗り。いま海が置かれている状況について人々に理解してもらい、海洋生物の保護を訴えたいと思っています。そのためには、約二万五千ドルが必要です。このベンチャーの資金を集めるために、僕の計画を支援してくれるスポンサーを探しているところです。資金援助か寄付を受けて、明るい黄色の潜水艦に、その企業の広告を載せるのです。

こうすれば、企業にとっては良い宣伝になるし、僕は潜水艦を造ることができます。この方法なら、皆がハッピーになり、すばらしい取引ができます。

両親はいつも、教育を受けることは重要だけれど、それが経済的安定の土台になるわけではないと言っています。自分のお金を賢く投資して管理することを学んだおかげで、僕は経済的に安定した未来を築きつつあるのです。レモネード売りのビジネスはしばらく前にやめてしまいましたが、キャンドル・ビジネスはまだ続けていて、この先も続けるつもりです。大学に入るころには、人を雇って仕事を任せることができるでしょう。

経済的独立にむけて動き始めるのに、早すぎるということはないのです。

第十四章……支援の輪

デビッド・ホセイ（インディアナ大学2年）
マイケル・スレート（パデュー大学2年）

大学生活とは、自分がどう生きたいかを見定めることのできる、恵まれた時間です。僕たちにとっての大学生活は、自分の興味を形にすることと、選んだ分野での基礎をつくる期間といえるでしょう。とはいえ僕たちは、そのための教育を高校ですでに受けてしまっています。二人とも、子供のときから起業家でした。今、一人は卒業後にビジネスを起こす計画を立て、もう一人はすでに不動産を所有しています。僕たちはごく普通の人間ですが、信じられないほど幸運でした。お金について僕たちの生き方を変えることになる先生と出合ったのは、ハイスクールでのことです。

●たったの数年前

僕たちはともにインディアナポリス育ちで、小学校で知り合い、一緒にいろいろなゲームをして遊んだものです。二人ともモノポリーが大好きでしたが、それは努力しなくても手元に配られるお金で、不動産や鉄道、公共事業の会社をたくさん買えたからです。

世の中で実際にお金がどう動くのかは、ハイスクールの三年になるまで謎のままでした。選択科目で取った企業マーケティングのクラスで、デイブ・スティーブンズ先生と出合うまでは。

その授業で、僕たちが本当に必要としていること、つまり人生で成功するために必要なスキルを、スティーブンズ先生から学んだのです。就職の面接での受け答えや、起業スキルを身につけることも教わりました。そして、不動産投資について勉強しました。（僕たちは十七歳で、不動産に投資することなど考えたこともありませんでした。知ってはいたものの、基本がわかっていなかったのです。それに、高校生が不動産を買うことなどできるでしょうか。僕たちは何も知らないに等しかったのです。）授業では、お金の時間的価値についても学びました。たとえば、今日の一ドルには、一九六〇年代の一ドルほどの価値はありません。また、投資においてタイミングはたしかに重要だが一番重要ではないこと、そして健全な事業に投資するだけで富を築くことができることなども勉強しました。先生は自分のペースで勉強するようにと、本を何冊も紹介してくれました。その中に『金持ち父さん　貧乏父さん』があったのです。

ある日、スティーブンズ先生はクラスにボードゲームを持ってきました。その頃には、僕たちは何を見ても驚かなくなっていました。ただ、授業の目的とどういう関係があるのかなとは思いましたが。次の三回の授業では『キャッシュフロー１０１』ばかりをしていました。面白くて、みんな大いに盛り上がりました。そして確かに、たくさんのことを学びました。どうやってラットレースから抜け出すか、そしてお金をどう使って健全な投資をするか、などです。僕たちは、大学を卒業したら就職して何年も働くものだと考えていました。でも、自分たちが普通とは違うライフスタイルを求めていることはわかっていました。ゲームをしたことで、そのライフスタイルが形をとって目の前に現われ、なぜ僕たちが普通と違うのかが理解できるようになったのです。このゲームのすごいところは、キャッシュフローを生み出したらどうなるかを、現実として見せてくれたことです。

その後、誰かが『キャッシュフロー・フォー・キッズ』もあるよ、と言ったのを聞いて、あるアイディアが浮かびました。別の誰かが、近所の小学校で五年生の担任をしている先生を知っていると言いました。小さな子供に、彼らにとって必要なスキルを教えたらどうなるだろう。なにも高校生になるまで待つ必要はないんじゃないか、と考えました。

僕たちは日取りを決めて、五年生のクラスを訪問しました。楽しみながらゲームについて知ってもらおうと考えたので、紹介を寸劇仕立てにし、『グリンチがキャッシュフローをだいなしにした』というおかしな歌も歌いました。

実際にゲームを始めると、子供たちは大喜びでした。十歳や十一歳の子供の飲み込みの早さには、驚かされました。「不労所得が支出より多くならないと、ラットレースから抜け出せないんだよ」と話しているのを聞いて、鳥肌が立ったほどです。このゲームをしたことで、彼らがお金だけでなく人生に対しても新しい目を向けるようになったことがわかりました。おそらく、親からも教わったことのないことを学んでいるのでしょう。もちろん、それは僕たちも同じでした。

ハイスクールを卒業した僕たちは、大学生にお金について教えたら、すごい効果があがるのではないかと考えました。まず大学生に教え、次に彼らが子供に教えればいいのです。それも、楽しいやり方で。これが出発点となって、僕たちは地域社会にファイナンシャル・リテラシーを広め、起業やお金の管理の仕方について学ぶ人たちを手助けする活動をすることになりました。

●支援活動

僕たちはまずHELP（Helping Educate Lots of People たくさんの人が学ぶのを助ける）というNPOを立ち上げました。『キャッシュフロー・フォー・キッズ』を使って大学の近所の子供たちにお金の管理、ファイナンシャル・リテラシー、起業について教えるのです。そして子供の団体や小学校、インディアナ州教育委員会や連邦教育委員会、高校などにも活動の場を広げました。

HELPの支部はパデュー大学、インディアナ大学、ウォバシュ大学にあります。他に、ボール州立大学とIUPUI（インディアナ大学／パデュー大学インディアナポリス校）にもできる予定です。今のところ、百人以上の大学生が参加して、年間に二百人以上の十～十二歳の子供たちに教えています。僕たちはきわめて効率の良い活動方法を編み出しました。中心となる十人の学生が一か月に一度集まって、ゲームについて勉強します。彼らはその成果を他の学生に伝え、今度はその学生たちが地域の子供たちに広めるのです。とてもシンプルです。学び、教え、実行する、それだけです。

僕たちがここまで活動を広げてきた経緯を考えると、子供たちが本能的に知っていることを基にビジネスを始めるチャンスについて、いろいろなことがわかります。僕たちは、自分たちが知り得た情報を多くの子供たちにも知ってもらいたいのです。そうすれば、人生で成功するためにすばらしいスタートを切ることができますから。僕たちの話は、多くの人にはおそらく新しくもなんともないでしょう――起業家精神をもつティーンエイジャーは何百万人といますから。しかし、自分の力だけで道を切り開いてきた彼らとは異なり、僕たちには手助けする手段があり、それを広めたいと考えています。

●デビッド――十二歳で起業し、十七歳でビジネスを売る

僕は幼い頃から常にビジネスチャンスを探していました。十二歳のときには、野球をしている友だちを尻目にリサイクル用のアルミ缶を集めていたくらいです。十五歳のときから、祖母が会員になっているカントリークラブで金曜日と土曜日の晩にウェイターとして働きました。(今でも休暇で家に帰ったときには働いています。)

十五歳の春に、芝刈り機をもっていた友人と一緒に芝刈りビジネスを始めました。理由は簡単。隣近所の庭は芝生でしたが、みな芝の手入れが嫌いか時間がないかのどちらかで、ほとんどが放ったらかしでした。そこで、僕たちがやろうと考えたのです。ビジネスとして成功させるには、二つのことが必要でした。芝刈り機と、それを買うお金です。そこで僕は姉に自分の計画と、料金をいくらにするか、週末と放課後に何軒の芝生を刈れるか、といったことを話しました。また、二か月後にはお金を返す約束もしました。

姉は僕がちゃんと計画を立てていることで納得し、五百ドルを無利子で貸してくれました。そのお金は、一か月後に返済しました。(姉には今でもこのときの借りをさまざまな形で返し続けています。なぜなら、あのとき姉が助けてくれなかったら、今の自分はないからです。)

顧客を開拓するために、僕たちのビジネスについてハイスクールで先生たちに話しました。そして、あるベッド・アンド・ブレックファスト（朝食付きの民宿）を紹介してもらい、そこの芝刈りもしました。それからまたあちこちに働きかけて、不動産オーナーや一戸建ての住人、それに企業とも契約しました。

ひとつだけ物理的な問題がありました。僕はまだ十五歳で車の免許をもっていなかったので、友だちにお金を払って芝刈りの現場へ乗せていってもらわなければならなかったのです。僕はトラックを買い、四か月間は友だちに運転してもらっていました。その後運転免許証を取ったので、自分で運転するようになりました。

ハイスクールの三年のときには、僕たちは六人の友人を雇っていました。給料は時間ベースで、毎月五日と二十日に支払います。総売上は四万ドルにもなりました。僕はその三分の一を自分の収入にして、三分の一を諸経費に、残りの三分の一を人件費に回しました。（このビジネスを始めて三か月後に、パートナーはもう芝刈りビジネスには関わりたくないと言って辞めてしまいました。でも彼はその後何年も、辞めたことを後悔し続けていました。）

大学に入ってすぐ、僕はこのビジネスを買ってくれる人を探し始めました。入学後の三か月間は顧客が満足するようなサービスを提供できなかったので、彼らが代わりを探し始めたからです。

僕は最大の顧客である不動産オーナーに、このビジネスと顧客リストを売り、五年間にわたって月々二百ドルを支払ってもらおうと考えました。でも、この条件で双方が合意したときには、顧客は残っていませんでした。結局、芝刈り用具一式とトラックを合わせて、千五百ドルの現金払いで買ってもらうことになりました。

この経験から、ビジネスを売却するときには、きちんとしたアドバイザーの助言を受けなければならないと痛感しました。その後は、ビジネスの進め方や手続きなどでわからないことがあれば、必ずアドバイザーに相談するようにしています。

また、顧客に最高のサービスを提供し続けるためのしっかりしたプランがなければ、ビジネスは三か月でだめになってしまうことも学びました。たしかに金持ち父さんの哲学は正しいのですが、それを実践するのは大変で、せっせと学び、努力し、計画を立て続けなければなりません。

芝刈りビジネスの利益は本当に役に立ちました。というのは、両親は僕たちに大学へ進むことの大切さを口を酸っぱくして言ってはきたものの、その資金は僕たちが自分で出さなければならないことになっていたからです。このビジネスの収益と用具やトラックの売上で、大学一年目の学資ができました。

●大学での新しい経験

その後、僕はビジネスをいくつも始めました。きちんとしたビジネスを立ち上げれば、かなりの額の収入を生むことはわかっていました。成功したものもあり、しなかったものもあります。でも、いろいろと教えられたので、どれも有意義でした。

1. 雪かき。ふた冬の総収益は三千ドル強。ハイスクール時代の芝刈りビジネスの冬バージョン。ハイスクール二年の冬に買った雪かき機を使って、ハイスクールの友だちと二人で始めた。
2. 家のペンキ塗り。僕一人で働き、ひと夏で二千ドルになった。
3. ネットワークビジネス。ディストリビューターになるのに三百ドル支払い、七十五時間働いた。トレーニングを受け、他のディストリビューターのダウンラインになったが、友人や家族を説得してネットワークに入ってもらうのは難しかった。そういう話をするのが苦手だったからだ。だが、自分のやり方と見通しをもって進むことが大切だとわかったので、有意義だった。
4. コンピュータ関係の新興《スタートアップ》企業。三人で始め、五百時間働いたが、自分のお金は使っていない。コンペに参加して、五千ドルの資金を手に入れた。僕たちはPCタブレット、つまりキーボードのいらないコンピュータで画面操作することで医学情報を引き出す方法を開発した。しかし、一人が辞めたので、それ以上の進展がなかった。これも、良い経験となった。というのは、とくにお金、努力、時間を注ぐ必要のあるときには、一緒にビジネスをする相手が信用できるかどうかを見極めなければならないことを学んだからだ。

僕はＨＥＬＰもビジネスだと考えています。なぜなら、僕はその活動に対して責任を負っているし、そこから利益を得てもいるからです。

起業する能力を広げたことで、他の面でも助けになっています。あるときは七千五百ドルの資金を集めてロックバンドの勝ち抜き選手権大会を開催し、その収益金から二千ドルを、乳癌を患う学生のための基金『ジルズ・ハウス』に寄付しました。僕は二年以上前からこの基金の活動を手伝い、四千ドル以上を寄付してきました。

ビジネスを始めること以外に、約五千ドルを株式に投資しています。今のところ、株を動かすことはしていません。毎日お金を動かすことについては、今でも勉強中です。

●クレジットカードで信用は買えない

僕は、支出の計画を立てることなど考えたことがありませんでした。クレジットカードが持てるようになるまでは、現金を使っていました。ようやくクレジットカードを持てるようになると、カードを使うべきだと思いました。支出の明細を確認でき、現金代わりに使えて便利で、簡単に使えるからです。しかし、その当時は請求書通りに支払うことしか考えず、計画性は皆無でした。支払が滞って金利を支払うはめになったことは一度もありませんが、食事、洋服、いろいろな娯楽に遣う金額の多さには我ながらびっくりしました。この浪費癖はいまだに僕の欠点ですが、無駄遣いをやめるだけでは解決になりません。僕の目標は、自分を成長させ、発展させるために働き、欠点を克服できるようになることだからです。今のところ、支払はすべて現金か、デビットカード、オンライン・バンキングで行うことにしています。

僕はまだ、きちんとした価値観を養うべく努力しているところです。何も考えずにウェイターに十五パーセントや二十パーセントものチップを渡してしまうこともありますが、その一方で手数料が一番安い金融機関を探しています。

いまだに、気晴らしに目が向いてしまうこともあります。面白いことに、そのきっかけは十一歳のときと同じなのです。「一緒に遊ぼうよ」という言葉に、ついふらふらと出ていってしまうからです。でも、それは自分への挑戦だと考えることにしました。もちろん、ストレスを発散させることも大切ですが、目標を達成しなければならないのですから。

●自分にとっての未来

僕はまだ大学生なので、直近の目標は起業学と会計学を勉強して卒業することです。スティーブンズ先生の授業を取るまでは、自分が何をしたいかがわかっていませんでした。今では、進むべき方向が見えています。

ここ一年間の目標は、新しいビジネスを始めて、自分の経済帝国建設の第一歩を踏み出すこと。五年後の目標は、その時点で引退するべきか決められるまでになっていることです。週に五日間、朝八時から夕方六時までデスクワークだけをして、自分の夢や目標を現実のものにするチャンスを与えられないような仕事はお断りです。映画“Office Space”（邦題『リストラ・マン』）を現実にしたような世界で生きるなんて、考えただけでもぞっとします。

また、お金とリスクについて他の人に教えるチャンスを活かしたいと思っています。なぜなら学校ではそうしたことについて教えてくれないからです。役に立つ情報さえ手に入れば、若い人は起業家の世界から閉め出されるのではなく、ドアを開けて中に入ることができるのです。現在僕は、学生寮のアウトドア・アドベンチャー・フロアで寮生アシスタントをしています。（おかげで部屋代と食費が無料です。）寮に入っている、ほとんどは一年生からなる五十人の学生を精神的に指導することも、仕事のひとつです。大学生活や将来のキャリア、大学でのさまざまな活動などについてのありとあらゆる質問に答えるのです。また、リーダーシップや起業スキルについても教えています。

僕は十七歳のときに初めて自分の人生をコントロールしていると感じました。起業家になってさまざまなビジネスを始め、できあがった枠の中に自分を押し込めるのではなく、自分で作った人生を送りたいと思います。そうすれば最高の気分を味わえますから！　人生をコントロールし続けることは、自分への責任でもあり、挑戦でもあります。ひとたび目標を達成してしまったら、新しい目標を定めなければならないでしょう。たしかに、二十歳の人間に創造性があると人々に納得させるのは大変です。でも努力をすれば、大きな報酬が返ってきます。

以前の僕は、アイディアの海をあてもなく泳いでいるようなものでした。今では、船を造ってアイディアを目指して進むことができます。そのための情報を、いろいろな可能性について考えながらも、それらを実現する方法を知らない人たちに提供したいのです。自分はみんなとは違うと感じていて、一日中デスクワークなどできっこない若者には、希望だけでなく、夢を実現し、自由を得る方法があるのです。

●マイケル――キャンディ売りと不動産オーナー

一九八九年から九一年にかけて、僕は自宅の前で「スレート・キャンディストア」を開いていました。キャンディはみんなが買うので、ビジネスになると思ったのです。子供はキャンディが大好きなのに、地元でキャンディが買える場所はたった一軒のコンビニエンスストアだけ。しかもだれもそこには買いに行かせてもらえませんでした。遠すぎたし、住宅街を通るのではなく幹線道路沿いを歩いて行かなければならなかったからです。

母にキャンディを売ってもいいかと尋ねると、いいとの返事でした。そこで一緒にサムズ・クラブという店に行き、いろいろなキャンディを買ってもらいました（子供が好きなキャンディを選ぶのは簡単でした）。学校のみんなに店を出すんだと話したら、あっという間に広まりました。そしてすぐに、家の前に子供の行列ができるようになりました。僕のやり方は簡単でした。キャンディ一個の値段を仕入値の倍にしたのです。一か月後には仕入値を引いても数百ドルの売上になり、同じような収益を出し続けましたが、店は一年後にやめてしまいました。家に泥棒が入ったからです。

十六歳のときに、僕はデジタルの時代へと移行しました。千ドル（祖母からもらったお金）を使って、初めてコンピュータを買ったのです。ＡＯＬアカウントを手に入れてインターネットに接続し、ウェブサイトをいくつも作りました。そして企業のバナー広告を載せたので、誰かがクリックするたびに収入になりました。そのうちに、僕のウェブサイトへのヒット数は一日に二千件を超えるようになり、週に八百ドルの稼ぎになりました。四か月くらいで数千ドルが手に入りましたが、システムが変わったためにこのビジネスは終わりになりました。

今になってわかるのは、この「スティーブンズ先生と出合う前の時代」には、自分のお金を車とカーステレオ、遊び、女の子に注ぎ込むという、典型的なティーンエイジャー型消費をしていたことです。しかし、スティーブンズ先生の授業をとったことで、起業家になるという考えが形になったのです。ようやく、経済的に自立する方法がわかりました。

この授業で学んだことによって、僕は前から望んでいたように投資家への道を進むだけでなく、はっきりした目標をもつことができました。大学卒業後五年間で、支出（住宅ローン、自動車ローン、食料品など）を上回る収入を得るつもりです。そして十年後の目標は、引退できる能力を身につけることです――必ずしも引退するつもりはありませんが。

その目標を実現するために、僕はもう不動産投資を始めています。

●僕のやり方

大学一年生のときは学生寮に住み、最初に借りたアパートはルームメートとシェアしました。一か月に八百ドルの家賃を折半し、変わった形をしたアパートに二人でうまく収まろうとしました。うまく説明できませんが、パイのような形のアパートでした。しかしアパート暮らしの最初の興奮が冷めると、毎月支払う四百ドルもの家賃は、持ち主がローンの返済をするために使われるのだと気がつきました。なにかもっと良い方法があるはずでした。

自分が住んでいる地区（インディアナ州ラファイエット）の不動産の市況を調べると、ちょうど買い時だということがわかりました。金利はとても低く、地区の人がいっせいに不動産を売りに出しているようでした。まるでビュッフェのように選び放題の、買い手市場だったのです。

僕は毎日少しずつ時間を割いて二世帯住宅を探しました。自分が片方のユニットに住み、もう片方を貸せばいいと考えたからです。しかし、八か月かけて四十軒以上の物件を見ても、気に入ったものはありませんでした。ほとんどが一九五〇年以前に建てられた物件で、メンテナンスや修理に時間がかかるのですが、僕にはそんな時間はなかったからです。そんなある日、新聞の広告で、管理付きで「収益性の高い」四世帯住宅を見つけました。

実際に物件を見ると、とても良い印象を受けました。築五年未満というだけでなく、内容もそれまでに見たほとんどの物件より良かったからです。ユニットごとに暖炉と洗濯機、乾燥機がついているし、二階の天井はアーチ型をしていました。自分で住めば、豪華な暮らしができるでしょう。見学のときに持ち主がエクセルで作った収支報告書を見せてもらいましたが、それを見てさらに気に入ってしまいました。

持ち主が提示した価格は二十四万五千ドルでしたが、二十四万ドルで合意し、その物件を専門家に評価してもらいました。評価額は二十六万六千ドルとのことでした。景気の状況から、ほとんどの銀行が十パーセントの頭金だけを条件にローンを組んでくれることはリサーチ済みだったので、この評価額をレバレッジとして使うことにしました。ある銀行は、評価額二十六万六千ドルを購入価格とみなして、その十パーセントである二万六千ドルの頭金を現金で支払えばいいと言いました。とはいえ、僕に二万六千ドルも出せるはずはありません。

このとき、別な考えが浮かびました。僕は十パーセントの頭金を支払うだけでなく、プライベート・モーゲージ保険（ＰＭＩ）を契約しなければなりませんでした。ローンの支払ができなくなった場合に備えて、銀行に契約させられる保険です。つまり月々百二十ドルの保険金は、捨てるようなものでした。そんなことはしたくなかったので、頭金を二十パーセントに上げることにしました。そこで、十パーセントのセカンドローンをつけてもらうよう売主に掛け合うと、売主が合意してくれ、ＰＭＩは要らなくなりました。

もっとも良い条件のローンを探して、一か月間で銀行を五社くらい回りました。みな僕の話を丁寧に聞いてくれましたが、そのうちの一人が何としてでも僕にローンを組ませようと言ってくれたのです。僕はどの銀行でも分厚い財務諸表を見せましたが、たったひとり、この担当者が当時二十歳の僕を助けてくれたおかげで、ローンが実現しました。僕の場合は収入が限られていたので、保証人による特別許可が必要でした。結局、五年間は金利六・三七五パーセントのＡＲＭ（変動金利ローン）を組むことになりました。五年間は金利が六・三七五パーセントで固定されますが、その後は市場の状況によって金利が上下するというものです。返済額は月々千三百ドルです。（低金利のままの三十年ローンの方がよかったのですが、僕が組めたのはこのローンだけでした。五年後に金利が上がったら、ローンを借り換えるかもしれません。）

僕は友人のデビッド・ホセイに、収支分析を手伝ってもらいました。ユニットの一つに住んだ場合、月々二百ドルを支払えば損得ゼロになります。分析結果は、一八三ページ右側のようになりました（物件24）。

つまり、一か月に百五十一ドル支払うだけで、豪華なアパートに住めるうえにその四世帯住宅が自分のものになるのです。これは買うしかありません。

ローンを組んだ後で、諸費用に約六千ドルかかることがわかりました。つまり、約二千ドルは自分で負担して、ローンの一パーセントまたは二千六百ドルを銀行に支払わなければならないのです。ところが驚くなかれ、契約の際に僕が実際に支払ったのはたったの六百二十五ドルでした。どうやら、売主が銀行から聞いていたよりも多くの税金を支払わなければならなかったようです。

ローンの返済が始まったのは売買契約を結んだ翌月だったので、一か月分の家賃千八百ドルを銀行に預けることができました。このお金は、緊急の修理が必要になったときや空室が出たときのためにプールしています。

大学を卒業したら僕は二階のユニットを出て、六百二十五ドルで貸すつもりです。その時点での月々のキャッシュフローは四百四十ドルになっています。収支内訳は次ページ左側のとおりです(卒業後の収支内訳)。不動産の価値は、そこからの所得金額によって評価されるので、家賃が上がれば、不動産価値が上がる可能性も大きくなります。僕の四世帯住宅の向いに小さなショッピングセンターが建設中なので、この不動産の価値は上がるでしょう。売るものがキャンディであれ不動産であれ、大切なのは立地です。

僕はこの投資を次のように考えています。契約の際にわずか六百二十五ドルを支払っただけで、豪華なアパートに住めるし、おそらくキャッシュフローを得ることができるでしょう。現在の評価額を基にすると、僕は二万六千ドルの価値のあるエクイティを所有しているのです。大学卒業時には、この金額はもっと上がっていると思います。エクイティの一部を使って、別の不動産を買うつもりです。

不動産投資には別の重要な要素もあり、それについても書きたいと思います。二十一歳で不動産投資を始めたときには、友人や親戚からずいぶん批判されました。トイレを修理したり迷惑な入居者と交渉しなければならなくなるのだと、何人からも言われました。そんなことをしていたら、専門の情報工学の勉強をする時間すらなくなるぞ、と。

実際には、このアパートの管理は信用できる会社に百パーセント任せています。入居者の募集から問題が

●卒業後の収支内訳

家賃収入
1階の部屋の家賃$595＋水道代$25＋ペット料金（ペットを飼う場合）＊
1階の部屋の家賃$595＋水道代$25＋ペット料金（ペットを飼う場合）
2階の部屋の家賃$625＋水道代$25＋ペット料金（ペットを飼う場合）
2階の部屋の家賃$625＋水道代$25＋ペット料金（ペットを飼う場合）

収入合計	$2,540
(管理費はこの金額の6％＝$152.40)	
ローン支払	−$2,100
(諸経費約$100は降雪量により変動する)	
月々のキャッシュフロー	$440

投資収益率

年間のキャッシュフロー	$5, 280
($440×12)	
÷	
現金投資額	$625
投資収益率	845%

＊ペット料は月々$25。ペットを飼う場合は入居時に$200の保証金（デポジット）を支払い、うち$100は返済されない。

●物件24の収支内訳

ローン支払などの内訳	
ファーストローンの支払	$1,300
セカンドローンの支払	$189
税金	$262
ローン返済額および税金	$1,751

支出の内訳	
管理費	$108
(家賃収入$1,800の6％。自分が月200ドルでアパートの一戸に住んだ場合)	
芝刈りあるいは雪かき費用	変動する
住宅保険	約$50
電気代	少額
支出（管理費＋保険料＋その他）	$200

月々のキャッシュフロー	
家賃収入	$1,800
ローン支払および税金	$1,751
支出（管理費＋保険料＋その他）	$200
支出合計	$1,951
(降雪量により$100前後する)	
自己負担金	$151
(現在入居中のアパートの家賃より低い)	

起きた際の交渉（家賃未納や苦情処理）や芝刈りまで、この会社が責任をもつのです。芝刈りの費用は負担しませんが、作業をチェックし、すべてきちんとしてくれます。僕がすることといえば、毎月の財務諸表に目を通すことくらい。小切手は直接僕の口座に振り込まれるので、銀行に行く必要もありません。

●投資は「シニア」向けではない

不動産を買うことは、当時〈大学三年《ジュニア》〉の僕にとって素晴らしい投資となりました。もしお金について教えてもらわなかったら、僕はいまだに他の学生と同じように、高い家賃を無駄に支払っていたことでしょう。同年代の若者の多くが余分なお金を洋服や車に注ぎ込んでしまうのに対して、僕はこの先ずっと収入を生み続けるものに投資するつもりです。その収入の一部で欲しいものを買ったり、もっと多くのキャッシュフローを生み出すために使うことができるからです。

僕が学んだもうひとつのことは、リスクについてです。僕にとって、リスクとは自分のビジネスを始めたり不動産投資をすることではありません。今から四十年も先に政府が年金を払ってくれると思うことが、リスクなのです。四十年も働き続けたり、レイオフされたり、紙くずのような４０１（ｋ）年金プランにしがみつくことこそ、リスクです。

とはいえ、僕はまだ自分の欠点と向き合い続けています。その欠点とは恐怖心で、そのためにチャンスが来ても本当かどうか疑ってしまうのです。でも、「批判する代わりに分析する」ことを学習中なので、いずれ何もかも変わるでしょう。

一方で、良い習慣もできました。毎日十分間かけて、支出と収入のすべてに目を通すのです。おかげで、自分がいくらのお金をどこにもっているかが常にわかっています。収入の十パーセントは特別投資口座に入れ、十パーセントは慈善事業に回しています。現在は週末に家電チェーンのサーキットシティで働いているほか、ウェブホスティング（インターネット上にホームページを設置する場所やeメールを使える環境を提供するサービス）の会社ももっています。クライアントの数は百四十で、安定して増えています。

●デビッドとマイケル——僕たちは日々学んでいる

大学での勉強に加えて、僕たちは経済的に独立するという目標を目指してがんばっています。いつも新聞広告を眺めたり同級生たちの話に耳を傾けたりしてチャンスを探し、分析しているのです。

僕たちの現在の、そして未来の活動が正しい方向に向かっているのは、お金について教えてもらったおかげです。そのために、人生がどういうものなのかを思い描くことができるようになったのです。毎朝目を覚ますたびに、自分の人生をコントロールしているという素晴らしい気分を味わうことができます。もうすでに金持ちになったような気分です。なによりも、この経験を他の人たちと分かち合いたいと願っています。

僕たちの知っている多くの人が、与えられた「科目」以外のことをする勇気がないために、自分のもつ可能性に気づかずにいます。彼らや、すべての人に、こう言いたいのです。「怖がらずに自分の夢を追いかけろ。世の中にこれほど素晴らしいことはないのだから」

第五部
ビジネスの新しい方法

金持ち父さんは、お金について学ぶことは誰にとっても大切なのだといった。そしてお金に関する仕事をしているタックス・コンサルタントやファイナンシャル・プランナー、そしてビジネスオーナーにとって、ファイナンシャル・リテラシーをもつことは、とくに重要だ。

お金についてのアドバイスを仕事としている人たちからよく聞くのは、金持ち父さんから学んだおかげで自分自身の経済的な未来に対する考え方やクライアントとの接し方が大きく変わったということだ。とはいっても、それまでの彼らが仕事熱心でなかったというわけではない。みな、クライアントのために最高の成果をあげようと長時間働いてきた。自分が学んだことに基づいて仕事をしてきたが、求めるような結果に結びつかなかっただけなのだ。そして彼ら自身の経済的な未来についても、同じ問題があった。

彼らが金持ち父さんの教えをクライアントに伝えるようになると、クライアントは自分のお金をコントロールできるようになり、互いの関係が強まり、より大きな収益を上げるようになった。

金持ち父さんから学んだことで、彼らがお金に関して抱いていた考え方が変わった。金持ちのように考えるよう学び直した結果、クライアントにアドバイスする方法だけでなく、自分自身のお金の扱い方も変わったのだ。クライアントを教育したら、そのクライアントを失うことになるのではないかと恐れるアドバイザーは多いが、そうすることで逆に互いの関係が強まるばかりか、クライアントのお金と教育のために時間を使うことによって、相手と長期的な関係を築けることを、彼らは示してくれる。

トム・ウィールライトはアリゾナ州に住む経験豊かな会計士で、私の友人の一人であるダイアン・ケネディともつながりがある。トムの文章を読めば、彼とパートナーのアン・メイシスがどのようにお金の問題を扱い、クライアントと従業員が安定した経済的未来を築くことができるようにしたかがわかるだろう。二人は自分たちでも金持ち父さんの教えに従って、それまでは考えたこともなかった不動産投資を行い、新しい方法でビジネスを拡大している。

ブライアン・イーグルハートは私と同じく海兵隊の出身だ。(本書の執筆時点で、彼はイラク戦争に従軍している。）オレゴン州でファイナンシャル・コンサルタントをしている彼は、多額の負債を抱えていたが、金持ち父さんの教えに従って新しい方法でお金の計画を立てるようになった。そしてクライアントが経済的自由への道を歩み始めるために手助けをするだけでなく、個人的な負債を減らし、月々のキャッシュフローと慈善活動への寄付金を増やした。また、自分のお金をコントロールできるようになったために、経済的な独立への勢いがついたという。彼の話にはたいへん説得力があるため、金持ち父さんのインフォマーシャルでも話してもらったほどだ。

自分のビジネスをもつ人たちも、お金をコントロールできるようになったという。コネチカット州でビジネスを成功させているミッシェル・ラブロスは、金持ち父さんの本やテープから学んだことを基にして会社の経営方法を改革した経緯を教えてくれる。彼女は、多くの人が忘れているような基本について学び、実践した。金持ち父さんはよく、請求書の支払をする前に自分のためにお金を使うことが大切なのだと言っていた。ミッシェルはそれを実行し、ビジネスを大きく発展させたのだ。

テリー・バワーソックも、ビジネスを成功させている。アリゾナ州に住むテリーは、地元で始めた家具販売会社を全国的に展開して数百万ドル規模にまで成長させた。ビジネスの成功と学習障害を克服したという個人的な経験とが相まって、彼女は数多くの全国的な雑誌やテレビ番組で紹介されている。彼女も、金持ち父さんのおかげで、それまで知らなかったような富への可能性に目を開くことになった。彼女の話を読むと、チャンスは——たとえその人がすでに成功していても——周りにあふれていることがよくわかる。

あなたがファイナンシャル・コンサルタントかビジネスオーナーで、仕事を成功させながら個人的にも富を築きたいと考えているなら、トム、ブライアン、ミッシェル、そしてテリーの話に耳を傾けてほしい。ファイナンシャル・リテラシーを広めることで、クライアントの経済的な未来と自らのビジネスを導いてきた。彼らは金持ち父さんから学んだことを活かして、経済的に成功し続けているのだ。

第十五章……自分のための会計

トム・ウィールライト（ウィールライト・メイシスPLC、DKアドバイザー、アリゾナ州テンピ）

まず、私と、ビジネスパートナーであるアン・メイシスが、リッチダッド・オーガニゼーションの社外会計士であることを明らかにしておきたいと思います。このことから、私たちが会計士として手に入る情報を積極的に利用したのだろうと思われても仕方ありません。しかし、事実はそうではないのです。お金についての知識や経験――二人とも大学で税制を学んで修士号をもち、経験も豊富です――にもかかわらず、私たちがお金と投資に対する考え方を改めたのは、金持ち父さんの関係者と仕事をするようになってからのことなのです。この変化は、私たちや従業員、そしてクライアントにとって非常に大きなものでした。

私たちがリッチダッド・オーガニゼーションのビジネスパートナーになったのは二年前のことですが、以前からクライアントにお金についての知識を広めようとしていました。私たちはどちらも、人々がお金について知れば知るほど、私たちの仕事に役立つはずだと考えたのです。

たまたま、公認会計士のダイアン・ケネディが、"Loopholes of the Rich"（金持ちの税金対策）の執筆に専念するために、クライアントへのサービスの手伝いを探していました。ちょうどその頃、私たちも税金と会計サービスを広める手だてを捜していたのです。ダイアンは私たちと会う前に、まず『金持ち父さん 貧乏父さん』を読んでほしいと言ってきました。それでこの本を読んだところ、たちまち金持ち父さんの哲学に惚れ込んでしまったのです。ダイアンに招待されて『キャッシュフロー101』をすると、すっかり夢中になりました。

アンと私はゲームをしながら、自分たちがより強固なビジネスパートナーになれると感じました。それまでも気が合っていましたが、金持ち父さんの言葉を使うことで投資やビジネスプランに関するアイディアや情報の交換がよりスムーズになったからです。安全な環境で「リスク」と向き合うこと、想像上のお金を使うこと、何が起こるかを予測することなどによって、リスク管理が以前よりはるかに容易になりました。ゲームで配られるカードを使って何度もくり返しリスク評価をするので、冒険することが前ほど恐ろしくなくなりました。そしてすぐに、配られたカードを見て、潜在的な危険がどこにあるかを判断し、何をするかを決断できるようになりました。これはとても良い頭の訓練になりました。

その結果、私たちは素早く、効率的に、適切な決断を下せるようになりました。ときには、私たちがビジネスを広げる決断をいとも簡単にするといって驚かれたこともあります。それまでもリスクを冒すのを避けたことはありませんでしたが、今ではそれらをきちんと判断できるようになったのです。そのことは、私たちのビジネスに非常に大きな影響をもたらしました。ビジネスが成長し続けるので、昨年は従業員の数を二倍に増やしたほどです。

従業員とは定期的に『キャッシュフロー101』をしています。今では彼らはみな、給料の少ない人たちも含めて、不動産投資を行っています。以前だったら、だれもそんなことを考えたことはなかったはずです。他の人々にゲームを広めている人もいます。アンと私は、働くことに関する金持ち父さんの哲学に大賛成です。そう、給料をもらうために働くのではなく、その仕事が好きだから働くのです。

私たちは、クライアントとも毎月『キャッシュフロー101』をします。ゲームをするなんて馬鹿げていると思われるでしょうが、それがファイナンシャル・プラニングの第一歩だ、とクライアントを説得するのです。お金についての視野を広げるためには、『キャッシュフロー101』が一番なのだ、と。私たちは、このゲームをすることで会計の基本、税金対策、投資全般、お金の管理などについて効率良く学べると考えています。クライアントも、ゲームをすることで勉強になり、今ではそれを楽しんでくれています。

初めてゲームに参加するときにクライアントが立てる戦略は、たいてい彼らの投資への考え方を反映しています。でも二度目や三度目になると、彼らは別の方法を考えるようになります。お金や投資への見方が変わっていくからです。その他にも、おそらくもっと大きな効果として、一緒にゲームをしたカップルから、二人の関係が強まったと聞くことがよくあります。

私たちは、お金を託してくれるクライアントのために、彼らの経済的な可能性を広げるお手伝いをしたいと考えています。そして彼らの人生が前向きに変化するのを見ると、もっと彼らの助けになることをしようという意欲がわいてくるのです。

波及的効果はそれだけに留まりません。最近、私たちは友人の株式ブローカーをゲームに誘いました。見ていると、彼がゲームの結果に不満をもっているのは明らかでした。帰っていくときには、二度と私たちに会おうとしないのではないかと思ったほど険しい顔つきをしていました。

そのちょうど一か月後、この友人が電話をかけてきて、初めて不動産を買う契約を結んだところだ、私たちとゲームをしたおかげだ、と言ったのです。

同じような変化は、私たちが親やきょうだい、配偶者、子供たちと『キャッシュフロー101』をしたときにも現れました。私の息子のサムは十三歳で、家族や友人とゲームをしながら、将来は不動産を買うんだ、従業員にはならないんだ、とよく話しています。彼はごく自然にさまざまな取引を行いますし、自分が得意なことを学んでそれを活かすことで、将来金持ちになれるはずだと言っています。

私たちは何度も、子供の方が親よりも早くラットレースから抜け出すのを目にしました。それは、子供は何か新しいことを始めるのに躊躇しないからです。批判的に考えたり心配したりすることのない子供は、驚くべき早さでチャンスを捕らえます。

●会計士であり投資家でもある

私たちはどちらも過去にお金の問題を抱えたことはありませんが、経済的な自由に大きく近づいた経験もありません。二人とも自営業者のSクワドラントに留まっていました。

今や、それも変わりつつあります。私たちは、より大きなお金を生み出す会計ビジネスを築こうとしているのです。その資金を投資して、自分たちがフルタイムで働かなくても充分な収入を得られるようにする計画です。私たちは多くを学びましたが、そのうちの一つが、投資はチームスポーツであるということです。弁護士や、銀行員、不動産ブローカーなどのアドバイザーチームを作って、目標を達成する手助けをしてもらうのです。

ダイアン・ケネディを含むアドバイザーチームのおかげで、私たちは何もかも自分たちでやろうとしないで、本来のビジネスを発展させることに専念できます。税金とファイナンシャル・プラニングだけを扱い、保険エージェントや株式ブローカーやプライベートバンカーのような仕事はしません。

幸運なことに、私たちの会社の従業員は優秀で、責任をもって会社やクライアントのために働いてくれています。

私たちは、キャッシュフローを生み出してくれるお金を得るために、投資への考え方を公私ともに大きく変えました。お金についての知識を基に、会社で導入していた401(k)年金プランを廃止しました。これまでは401(k)と投資信託に頼りきっていましたが、今ではより良い長期的な投資戦略をもっているからです。

ここ数か月でアンと私は石油・天然ガスの開発会社に投資し、現在は集合住宅と商業施設を買おうとしています。こうした投資は新しい経験です。たった一年前には、このようなこととは無縁でした。

私たちは自分で投資したりクライアントを教育したりしながら、不動産のもつ魔法について学んできました。不動産によって手にした他人のお金を使うことで、大きくレバレッジを効かせられるとわかったのです。毎日のようにこのことをクライアントに伝えて、ごく普通の不動産を購入することで、どんな投資よりも早くお金を増やすことができると説明しています。それにも増して、不動産は税金対策としても大きなレバレッジとなります。税金だけでなく、ＯＰＭ（Other People's Money 他人のお金）も控除の対象となるからです。まったく魔法としか言いようがありません！

また、多くの人を悩ませる問題にも直面しました。仕事が忙しすぎて、自分のお金のために費やす時間がない、というものです。でも、適切な見直しとアドバイザーチームの力とがあれば、彼らに手伝ってもらって自分の投資を行なうことができるはずです。

私たちの五～十年目標のひとつは、会計事務所を全国的にビジネスアドバイスを行う会社に成長させ、何千人もの人々を効果的に手助けして、毎日の経済的な決断に役立ててもらうことです。

私たちにとって、金持ち父さんの教えを実践して得られた一番の成果は、普通の人々にファイナンシャル・リテラシーを伝えられるようになったことです。それによって、その人はもう金融機関の古臭い哲学や適切でない投資に頼らなくてもすむようになるのです。

●堅固な土台

アンと私は幸運にも、どんなことだってできる、と親から教えられて育ちました。私の父は起業家で、叔父と一緒に印刷業を経営して成功し、五十人の従業員を雇っていました。母は経理を担当し、きょうだいは印刷現場で働いていました。私はもちろん、経理部に入り浸っていました。しかし、それだけではありません。両親は賃貸用物件をもっていました。そのおかげで私は早くからビジネスの力を理解していたのだと思います。

しかし、お金についてより広く学ぶ前は、そんな自分の信念を誰かに伝えたり、ましてや教えることができるなどとは思ったこともありませんでした。自分に何ができるかを理解したのは、初めて『キャッシュフロー１０１』をしてラットレースから抜け出したときのことです。大手の会計事務所で働いた経験もあり、当時四十代だった私は、自分のビジネスと人生をコントロールする時期に来ていました。

アドバイスを求められれば、私の答えはいつも同じです。情報を得ること。質問をすること。自分にとって最善のことをすること。そして、必要としているものではなく、自分が望むものに集中すること。そうすれば、結果はついてくるのです。

第十六章……

新しい戦略

ブライアン・イーグルハート（オレゴン州ポートランド）

二十二歳のとき、私は経済的な崖っぷちに立たされていました。強い風にひと吹きされただけで負債の谷底に落ち、決して上がってはこられなかったことでしょう。

教育ローン（私はポートランド州立大学で経営学／会計学とアフリカ研究をダブル専攻しました）と自動車ローンに加えて、無計画にお金を使ったために、負債が六万ドルにも達し、私はその負債に押しつぶされそうになっていたのです。それなのに、誰かに助けを求めることなど、とても考えられませんでした。皮肉にも、私は給料日から給料日までをやっとしのぐ一方で、ファイナンシャル・コンサルタントとして働いていたからです。

このときまで、私は与えられたルールに従って生きる道を歩んでいました。つまり、できる限り高い教育を受けるかまたは貿易の勉強をして、良い仕事に就き一生懸命働くという道です。大学卒業後、私はそのルールに従って生きていましたが、さまざまなお金の問題に直面しました。悲しいことに、そんな人生に慣れっこになっていたのです。私が子供のころ、家にはお金がまったくありませんでした。ですから、私がお金を生み出したり、使ったり、管理したりする方法を知らなかったのも当然でしたし、お金に敬意を払うことがなかったのも当然でした。

それでも私は、何が起ころうとも、この深い谷底から這い上がれるはずだと感じていました。

二〇〇一年の夏に、同僚から『金持ち父さんのキャッシュフロー・クワドラント』を読むように勧められました。読み始めてすぐ、とても重要なものに向き合っているのだと直感しました。私は大学卒業後に海兵隊に入ったので、指示に従って結果を出すプロセスには馴染みがあります。軍隊と同様、金持ち父さんの戦略も単純かつ効果的で、効率的でした。ですから、どんな人でもそこから学んだことを実行し、良い成果をあげることができるのです。私は経済的自由を得るための方法や訓練が簡単であることに驚きましたが、後になってからは、それらが生み出す驚異的な成果にさらにびっくりしたものです。

次に、『金持ち父さんの若くして豊かに引退する方法』を読みました。そして『ファイナンシャル・インテリジェンス』コースを注文し、十一月一日までには練習問題を終え、財務諸表への書き込みをしてしまいました。このプロセスを経験したことで得たものは測り知れません。つまり、自分が置かれた経済的状況が明らかになったのです。

このコースでとくに興味深かったのは、あらゆる投資の長所と短所をレバレッジする方法を学んだことです。また九月十一日に起こった悲惨な同時多発テロによって、緊急に対策を講じなければならないことを認識し、自分が正しい方向に向かっていることを確認しました。そこでドルフ・デ・ルースの“Real Estate Riches”を読み、“Rich Dad's Road to Riches”（不動産投資の六ステップ）で学習しました。またアリゾナ州で開かれた一日セミナーにも参加したことで、自分に次のような選択肢があることがはっきりと認識できました。

1. 他の人たちのように、何年も多額の負債を抱えて生きる。
2. 現状を自分に有利なように変える。

私は素早く行動を起こさなければなりませんでした。

『ファイナンシャル・インテリジェンス』コースを始めて二か月後、私は人生をコントロールし始めました。「負債から抜け出す方法」を実践して現在の経済状況を立て直し、予算を変えることなく月に四百ドル以上を貯金し、二百ドルを慈善事業に寄付するようになったのです。

正直に言って、人生をコントロールできるという感覚は、私がこれまで経験した中でもっともパワフルで達成感を生むものでした。その時点で、ずっと夢見てきた未来、したいことや見たいもので溢れる世界に向かって自分で船を操って進んでいることがわかったからです。人生にはやるべきことがあまりにもたくさんありますが、時間を上手に使えば、ものごとをうまく運ぶことができます。請求書の支払に追われて人生を停滞させることなど、もはや続けられませんでした。

●変化は起こる

自分の欠点に向き合うことは簡単ではありませんが、避けて通ることなくうまく対処できれば、素晴らしくパワフルな気分を味わうことができます。私がまず取り組んだのは、同僚が自分のことをどう思うかを気にして彼らの否定的な態度に同調してしまうという、それまでの悪い癖を払拭することでした。ほとんどは親切心からでしょうが、多くの人が私の計画に口を挟んできました。とくに、素早くラットレースから抜け出そうとする計画は馬鹿げているばかりでなく大変な結果につながると言うのです。良い仕事に就いているのにもかかわらず、別な方法で富を築いて人生の質を高めるという私の決意は、彼らから批判されるにきまっていました。

資産と負債についての新しい概念を説明しても、誰も信じてくれませんでした。初めのうちはそのことを辛く感じましたが、心の奥底では金持ち父さんの教えが正しいことがわかっていました。

新しい概念をのみこむと、頭がはっきりして集中して考えられるようになりました。金持ち父さんに出合う前の私にとって、リスクとは結果がわからないままお金を投資したり行動を起こすことでしたが、今では情報やお金についての知識をもっているのに行動しないことがリスクだと考えています。自分の状況を変えるための行動を起こさないなんて間違っています。行動すべき時がきていました。

まず私は銀行に二千ドルを貯金しました。この貯えは短期的なもので、必要であればローンの貸し手に示すためのものです。それから、ドルフ・デ・ルースの勧めに従って不動産を探し始めました。いろいろな人から「ここでは無理だよ」と言われるたびに、「不動産はそこらじゅうにある。僕が見つけるのを待っているのさ」と答えたものです。

私はやる気いっぱいで、ポートランド周辺で七十五もの物件を見て、そのうちの三十件について収支計算をしました。そのなかから三、四件を選んで、不動産担当者に話をしました。すると、ひとつは数字が良いばかりでなく減税対象物件であることがわかりました。初めての投資物件が見つかったのです。私はこの一戸建て住宅を二〇〇二年十一月に購入しました。

（私が自己満足に浸っていると思わないでください。私はアドバイザーチームを作って、アドバイスを得ていました。チームのメンバーはタックス・アドバイザー、不動産エージェント、不動産鑑定士、弁護士で、友人や知人から紹介してもらって集めた人たちです。地元の銀行でインターンとして働いたときに、職場の人たちに不動産エージェントや投資物件について質問していたことが効を奏したといえます。）

最初の不動産を手に入れた私は、経験のない投資初心者――株で五千ドル損していました――から不動産投資家へと変身しました。今はいろいろなことを学んで富を増やすとともに、自信を深めています。私は二十五歳ですが、これ以上待つつもりはありません。あと二年間は自営業者でいますが、五年後には不労所得で生活しながら投資に専念するつもりです。計画の中には、二〇〇四年にビジネススクールに入ってMBAを取ることも含まれています。

自分のお金をコントロールできるようになる前は、五十歳か五十五歳で引退するだろうと考えていました。とはいえ、未来に向けてのしっかりしたゲームプランがあるわけでもなかったので、自分が受けた教育と知性とでやっていくのだろうとぼんやりと考えるだけでした。今では、もっと自分のことを把握していますから、心の余裕があります。現在の現実的な計画では、三十歳で引退するときには生活水準が今より高くなっていて、しかも上がり続けるのです。

付け加えると、私は現在では大学で学ぶことのなかった情報を使って、クライアントにより良いファイナンシャル・プランを提供しています。そして彼らに『金持ち父さん　貧乏父さん』の本や商品を使って目指す目標に近づくよう勧めています。手に入れられるものの多さに気づけば、クライアントも金持ち父さんの教えに従って行動するようになります。

お金に対する考え方が変わったことを象徴するような、別の変化もありました。仕事の仕方を一度限りの手数料制からサービス契約に切り替えたことで、残余所得が入ってくるようになったのです。ポートランドのオフィスにいようが、タヒチのビーチにいようが、不労所得のおかげで支払を滞らせたりすることはありません。

●正直に生きる

自分に正直になるのは、難しいことでした。私は、自分が過去にそれほど大きな決断をしたことはない——お金を浪費していたのが良い証拠です——と認めた後でようやく、先に進むことにしました。過去に起こったことは、もう終わったことです。楽観主義が悲観主義にとって代わり、私を勢いづけてくれました。

私は若すぎるとか、時間が足りないとか、不動産投資の経験がないとかいう、自分で作り上げた障害を克服しました。そして自分には収支計算をしてリスクとリターンを分析する能力があると信じるようになりました。情報に目を通し、ワークシートに記入したり投資の練習をしたりすることは、難しくはありません。**自分に必要な形で情報を手に入れれば、行動するのは簡単です。**

金持ち父さんの本を読んでその方法を実行に移すと、私をとりまく状況は短い時間で次ページのように変わりました。

少なくとも週に一回は財務諸表を更新して目を通すことで、何もかもが変わりました。この簡単な道具によって、入ったり出たりするお金の流れを把握することができるからです。その結果、「お金はどこへ行ったんだろう」というような当てずっぽうは二度としなくなりました。

もっとも意義のあることは、今や、そして将来も、お金に関して無知ではいられないことを学んだことです。『金持ち父さんの予言』でロバートが言っているように、今すぐにお金に関する生き方を変えなければ、未来は暗いのだと、私は信じています。今後十年間で多くのベビーブーム世代が引退して高齢化し、医療への需要が一気に膨らんでも、医療費は高いままでしょう。この世代の人はすでに401（k）のバブルがはじけ、投資先の株価が下がるのを目のあたりにしています。引退後の生活に備えて充分に貯蓄していない人は何百万人といるのに、受けとる年金の額では、彼らが必要とするだけの経済的余裕を生むことはできないでしょう。

しかし、他の道を選ぶこともできます。私のようなごく普通の人間でも、自分のお金をコントロールするのだと決断すれば、それが可能になります。私は借金という穴の淵から、固い地面の上に移ることができま

●私をとりまく状況の変化

年収	$28,000 → $50,000
不労所得	$０ → $4,000〜$6,000
月々の純キャッシュフロー	$150 → $700
悪い負債	$55,000 → $29,000
月々の税金	$０ → $300以上
流動性預金	$100 → $3,500
不動産	なし → 賃貸物件１戸

した。結果を出し生活水準を上げるという魔法は、変化を望む強い気持ちと、金持ち父さんのシンプルな戦略に従って富を築くのだという気持ちから生まれるのです。

第十七章……

すばやく学ぶ

ミッシェル・ラブロス（PMP、コネチカット州イーストハートフォード）

「私は金持ち父さんに救われたの」私は女性経営者団体の今年の大会で会ったシャロン・レクターにそう言いました。それが本音でしたから。

私は金持ち父さんの本を読み、テープを聞きました。そして請求書の支払に心を砕かなくてもいいのだという勇気を与えられたことで、ビジネスに集中できるようになり、それが大きな転機となりました。毎日どうやって支払をするかを考えて時間を使っていたら、ビジネスの戦略をじっくり立てることなどできなくなってしまいます。

また、金持ち父さんの本では、自分ではビジネスのプロセス作りだけをして、それを他の人に実行してもらうことが大切だとされていました。かつての私は仕事を人任せにすることができませんでしたが、金持ち父さんの本を読んだことで、ビジネスを大きくするためには、人に任せることが必要なのだと理解しました。また、私に必要なのはセールスの達人になることだというのもわかりました。成功するためには、なにか一つができるだけではだめです。私は『金持ち父さん　貧乏父さん』から、成功するために欠けていた要素を教えられたのでした。

それでも、失敗はあらゆるサクセス・ストーリーにつきものです。私のビジネスでも、それが証明されました。金持ち父さんのおかげで、私は自分に何が欠けていたのかを知ることができました。ビジネスに集中し、人に任せられるようになり、セールスができるようになって、私は年間二万五千ドルのビジネスを、一年で二十五万ドルに、二年で二百五十万ドルにまで成長させました。しかも私はシングルマザーです。

●最初の数年間

私は空軍ROTC（予備役将校訓練団）の奨学金をもらってシラキューズ大学で航空宇宙工学を学び、機械工学で修士号を取りました。そして一九八四年に空軍中尉としてキャリアをスタートさせました。

二十五歳だった一九八七年に空軍を辞めると、コンサルティングとトレーニングの会社を起こしました。自分は会社勤めに向いていないことがわかっていましたし、少なくとも短期的にはそれが当たっていたからです。私はエレクトロニクスに環境が与える影響についての専門家として、高い給料をもらっていました。でも、こうした初期の成功が、後で失敗につながったのです。私はキャッシュフローを管理することを学ばず、その代わりに収入が大きく増えたことに注意を逸らされていました。ごく短い間に、年収は二万ドルから十五万ドルに跳ね上がりました。でも残念なことに、私には長期的に成功するためのスキルが欠けていました。そして収入が増えたことで、経済的に安定したという間違った考えをもってしまったのです。

さらに、起業することで何を求めるのかをめぐって、夫と意見が分かれました。私は、たとえ短期的には犠牲を払うことになっても、自分の会社を経営したいと考えていました。一方夫の方は、私が夢をあきらめて会社勤めをすることを望みました。しかし一九八九年に長女が、一九九二年に次女が生まれたので、私の意識は娘たちに向けられました。そのときは、お金を稼ぐことよりも、家にいて娘たちと過ごすことの方が大切に思えたのです。

一九九五年に、結婚は破綻しました。私は自分だけで二人の娘を育てながら住宅ローンの支払をしなければなりませんでした。

一九九七年に、自分で会社を作っても成功することは無理だと気づきました。夢に見切りをつけ、別れた夫と二人でシアトル郊外の湖に面して建てた家を売り、国の反対側にあるコネチカット州に住む両親の近くに引っ越しました。大学での専門を活かして、大手航空宇宙企業に研究員として就職したのです。

三十五歳のとき、私は自分が敗北者のように感じていました。自分のビジネスをもつ夢は消えてしまいました。私にとって、誰か他の人のために働くことは、自分自身を捨てることでしたし、自分の意志に反して東海岸に戻っていました。

二〇〇〇年三月に、システム・エンジニアリングと社員教育部門の研究員としての私のポジションがなくなってしまいました。リストラされたことで、自分の会社を始めるチャンスだと考えました。私は、その航空宇宙産業大手の会社で研究員として働く間に、自分で学習プログラムを開発し、一年以上にわたって教えてもいたので、このプログラムの知的所有権を得ようと交渉していました。多くの新興企業と同様、初めは自力で資金を集めなければなりませんでした。クレジットカード・ローンと、会社勤めをした二年半の間に401(k)でためた四万ドルを使って、必要な金額をかき集めました。最初の半年は非常に厳しく、離婚した一九九五年から一九九七年にかけての苦しみの再現のようでした。娘たちと私は、わずかなお金でなんとか暮らしていました。余裕はまったくありませんでした。

二〇〇〇年十一月に、弟が『金持ち父さん 貧乏父さん』を読むよう薦めてくれました。その言葉に従って本を読んだことが、私の人生を救ってくれたのです。私はすぐに、「金持ち父さん」シリーズの他の本も読みました。やがて、成功が失敗にとって代わるようになったのです。

●新しい方法が効を奏する

私は会社の経営に金持ち父さんの哲学を取り入れて、著作権のような知的所有権を作り出すことに重点を置くことにしました。

金持ち父さんのいう知的所有権の資産欄を作るために、自分で開発した訓練プログラムに基づいて本を書こうと考えました。出版社と交渉し、すべてがうまくいきました。

短期間のプロジェクト・マネジメントに関する最初の本の契約は、二〇〇〇年十二月に結びました。この本に付加価値をつけるためには、私自身がプロジェクト・マネジメント・プロフェッショナル（ＰＭＰ）の資格をもつ必要があると考えました。試験に受かるためには、通常は半年間は勉強しなければなりませんが、そんなに時間をかけたくありませんでした。そこで、二十四時間の学習プログラムを作って売り出しました。さらに自分でそれを使って、非常に良い成績で試験に合格したのです。次に、この方法を教えるプログラムを作りました。受講者は四日間勉強して、五日目に難関のＰＭＰ資格試験を受けます。この方法で、私の会社は一年もたたないうちに六十五社ある同業者の中で最大規模に成長し、一年半後には市場の二十五パーセントを占めるまでになりました。

二〇〇二年三月には私の本が出版され、ライセンス販売の契約を結んだ最初の教材がインドで発売されました。本の発売と海外でのライセンス契約により、不労所得が入るようになりました。ロバートの金持ち父さんなら、こう言うでしょう。「知的所有権という私の資産が私のために働いているんだ」

出版契約を結んだ二か月後に、ビジネスの資金に充てていたクレジットカード・ローンを完済しました。また以前よりはるかに気を配ってキャッシュフローを管理するようになり、短期的なビジネス用資金源として使っていたクレジットカードも処分しました。

ロバート・キヨサキは「金持ち父さん」シリーズの一冊で、偽物が出回るくらいに売上を伸ばせばいいということを書いています。私はそれに大いに共感しました。ビジネス用の資金を負債でまかなう代わりに売上を伸ばすことで、資金を得ることにしたのです。

会社名義のクレジットカードはありませんし、経営が厳しくなっても担保ローンを組むつもりはありません。ビジネスの経営は次のようになっています。二〇〇二年五月に、収益のうちの十万ドルを運用資金として、イベント担当者に渡しました。そして積極的な営業活動をした結果、二週間後には手元資金が増えたのです。この経験が、キャッシュフローが落ち込んだときには売上を伸ばすべきであり、担保ローンに頼ってはいけないことの証明になりました。金持ち父さんが言うように、「ビジネスの一番のスキルは、セールスの能力だ」ということです。

ここ三年間は毎年、会社の売上が前年の十倍になっています。変化の大きさは次の数字からもわかります。会社を始めた二〇〇〇年には、私たちは二万五千ドルを稼いで大喜びしました。それが二年目には二十五万ドルになり、昨年はなんと二百五十万ドルに跳ね上がったのです。

私の会社は全国に五つのオフィスをもち、従業員は二十五人です。教材は海外でもライセンス販売しています。企業向けにライセンスを売ったり、個人の希望に合わせてオーダーメイドの教材を作ることも重要な業務です。このように、もともとの知的所有権をレバレッジとして使うことで、さらなる収益を生み出しています。

●アプローチを変えたらビジネスも変わった

金持ち父さんから学ぶ前は、適切なアドバイスを得ようとしなかったためにビジネスを発展させられませんでした。また、いろいろなことを自分で抱え込んでもいました。私はシステムエンジニアとしての訓練を受けていたので、ビジネスのプロセス作りについて数多くのコースで教えてきました。このようにシステム作りのスキルがあったので成功できるはずでしたが、人に任せられずにいたのです。私はスーパーウーマンを演じるのを止めることにしました。システムを作り、それがきちんと機能するかを確かめ、後は他の人に任せることが自分の仕事なのだと気づいたからです。ビジネスは秩序立てて進めなければならないことがわかったので、会社の運営はその分野のプロを雇って任せ、自分は新商品の開発や会社を発展させることに専念しました。

金持ち父さんから学んだことで多くのことが変わりましたが、なかでも重要なのは、資産を築くことに集中して、請求書の支払に頭を悩ませなくなったことです。だからといって、支払をしなくなったわけではありません。もちろん、支払うべきお金は支払っています。ですが、金持ち父さんを知らなかった頃とは反対に、今では自分のビジネスにとって一番大切なことに頭を集中させているのです。

リスクに関しても、考え方が変わりました。責任のあるエンジニアとして働いていた一九八〇年代半ば以降、私はきわめてエンジニア的、プロジェクト・マネジャー的な見方をしていました。私にとってのリスクとは、なにか良くない出来事が起きたために目標に到達できない可能性のことだったのです。そして実際にそうした出来事が起きると、その時点でそれが及ぼす影響について考えなければなりませんでした。

今日私がリスクと考えるのは、まったく知らない分野のビジネスに飛び込んで、きちんと機能するシステムを作り上げる前に大金を無駄にすることです。金持ち父さんのおかげで、新しいビジネスを始める前に系統立ったデューデリジェンス（適正評価手続）を行うことができるようになり、リスクを最小限に抑えることが可能になりました。リスクを減らすために、次のような五段階アプローチを使っています。

1. **コンセプト**：ビジネスチャンス、市場の規模、ライバル企業の実力、商品開発にかかる費用を検討する。
2. **発展**：ここでは、既存のモデルや商品に向きそうな製品を「規格品」アプローチによって探す。
3. **商品開発**：初期マーケティングとして、対象となる消費者を確かめる。
4. **市場開発**：ここまでの作業でわかったことをセールスとマーケティングに組み込む。
5. **システムを進める**：セールス方法や商品のマーケティング法が決まっても、それで終わりではない。常に商品を改善していくことも必要。

●個人的なこと

個人レベルでもっとも重要なことは、家族との関係が変わったことだと思います。何年も前に、大きな夢を抱いてがむしゃらにビジネスをしていたころは、両親から頭がどうかしていると思われていました。そして私がシングルマザーになったことに、二人は責任を感じていました。母方の祖父も起業家でしたから、母は熱狂と失敗の年月をよく覚えていたのです。でも今では、私は彼らの相談相手となっています。

両親は私が普通とは違うと感じつつも、ここ二年間の私の業績に驚いています。しかも、二人ともそれぞれのやり方で積極的に応援してくれます。

私の目標は、五年以内にこのビジネスを売却して引退することです。でも、いわゆる引退生活をしようとは思いません。自分の好きなことをして、時間を自由に使い、行きたいときに行きたい場所へ行ってのんびりします。子供たちと過ごす時間が増えることは大歓迎です。それでも、新しい目標を目指すことに常に喜びを覚えることでしょう。

●私が学んだこと

1. 私は必要なスキルを磨いて、好きなことをしてお金をたくさん手に入れることができました。
2. 自分のためには、経済的な目標に集中し、それを達成したら新しい目標を作り出しています。
3. 世の中に、安定した仕事などありません。唯一の安定は、自分のビジネスを成功させることで手に入れることができるでしょう。
4. あきらめないこと。一つのビジネスが失敗しても、次にはどうやればうまくいくかがわかっています。
5. 成功するために何が必要かを見つけ、自分のルールを作ります。
6. 常に自分のやり方を守ること。
7. 支援してくれる人を周りに集め、良いアドバイスをもらいます。
8. 成功するためのヒントを見つけ、それを使って成功にたどりつきます。
9. 賢くなろうと思えば、賢くなれます。(逆に言えば、馬鹿げた行動をやめようと考えたら、やめることができます。)失敗を成功へと変えることができるのです。

第十八章……限界はない

テリー・バワーソック（アリゾナ州テンピ）

私がロバート・キヨサキと出合ったのは五年前、ある会議でロバートと私が講演をしたときのことでした。彼の話に親近感を覚えたのは、私もやはり学校で問題児扱いされていたからです。私には読み書きの障害がありました。また彼の話から、自分のビジネスで何かを変えなければならないことに気づかされました。そこで、オフィスに戻って彼の話をCEO（最高経営責任者）に伝え、『金持ち父さん　貧乏父さん』を読むように薦めました。それから、こう言いました。「不動産を持つことにしましょう」

金持ち父さんについて知るまでは、自分がこれまで達成してきたこと以上の何かを成し遂げることなどできないと考えていました。ところが、もっと大きなことができるはずだということを教えられたのです。それがどれほど驚くべき発想の転換だったかは、私がテリーズ・コンサイン・アンド・デザイン・ファーニシングスの創業者でオーナーであることを明かせば、わかっていただけるでしょう。わが社はあらゆる新品と中古の家具を全国規模で販売しています。私はすでにずいぶん苦労してかなり成功していました。そして金持ち父さんのおかげで、さらに想像もしていなかった成功を収めることができたのです。

●若い頃の私

私は学習障害のひとつである失読症だったので、自分が人とは違っていて、頭が悪いのだと思っていました。学校でのテストや宿題などには必ず赤い字で「もっとがんばりましょう」とか「学習不足」などの先生のコメントが書かれていました。五年生のころには、毎日をやり過ごすためにピエロの役を演じるようになっていました。あるとき、先生がものさしで私の頭を突く真似をして「おまえはビリヤードの玉みたいに頭が悪いな」と言ったことがあります。私は心の中では傷つきましたが、平気な顔をして「コーナーポケットにエイトボール入りました！」と大声を出し、心の痛みを振り払いました。

冗談ばかり言ってはいても、社会に出たら大変なことになるという事実は変わりませんでした。求人への応募書類すら満足に書けなかったからです。私の貧しい読解力でも、自分が書いたものがスペルミスだらけであることはわかりました。二十一歳なのに、小学三年生程度の文章しか書けないのです。馬鹿だと思われるのが怖くて、書いたものを提出することもできませんでした。面接を受けることを考えただけで、どうしたらいいかわからなくなりました。

ウェイトレスになることも考えましたが、まともに「コーヒー」と書くことさえできません。

八方ふさがりの状況でストレスをためこんでしまったので、アリゾナ州で仕事を探すのをあきらめて、カンザス州にいる父のところへ行きました。飛行機の中で、将来について考えました。「将来が何よ?・」苦々しい思いでそう自問しました。自分にはキャリアなど築けないのだと思うと、涙が溢れてきました。いま話しかけられたら泣き出してしまうから、誰も話しかけないで、と祈っていました。

将来についての答えが出たのは、父に連れられて父の友人のベティを訪ねたときのことです。ベティは家財道具の委託販売ショップを経営していました。店には銀製品、陶器、小振りの家具、骨董品などが並べられていました。誰かが要らなくなったものを、他の人が喜んで買っていくのです！ ベティは、店の経営方法を親切に教えてくれました。話が終わるころには、私にもできると考えるようになっていました。

私の頭にはさまざまなアイディアが浮かんできました。まず、どんな店にするかを想像してみました。その日の夜中には、計画ができあがっていました。ベッドから飛び出して母に電話をかけ、この新しい冒険について伝えました。「お母さん、私たちお金持ちになるわよ！」そして興奮しながら私の計画を残らず話しました。

母は、すぐさまこう言いました。「サンフォード・アンド・サンズみたいに、がらくたや中古家具を売るってこと？　私は寝るわよ」

その翌日、私は委託販売ショップで成功するのだと母に納得させる方法を懸命に考えました。私がしたいことを理解してもらうために、ビジネスプランを書きました。普通のビジネスプランではありません。クレヨンや色鉛筆で成功への道をデザインしながら、店の様子も絵に描きました。家に帰って母に説明すると、ようやく母もそれがうまくいくということを納得してくれました。母と私は祖母から二千ドルを借りて、このプランを現実のものにする仕事を始めました。私は店を開くための物件を探しに、自転車であちこち見て回りました。「貸家」の広告を見て、持ち主と話をしました。家賃で話が折り合うと、賃貸契約書を手渡され、サインするように言われました。法律用語がわからなかったので、普通の人が読むのにかかる時間を想像して、読む振りをしていました。そして自分の名前をサインしました。できあがり！　ビジネスの始まりです！　店の奥の部屋には自分用のベッドを置きました。

私は母を説得して居間の家具を出品させ、私が小さい頃に使っていた家具も店に並べました。テリーズで初めて売れた商品は、かつて私が使っていた鏡です。客が「これを買うわ」と言ったときにはすごく興奮してしまい、消費税を付け加えるのを忘れて指摘されたほどでした。

一九七九年に店を出して以来、テリーズ・コンサイン・アンド・デザイン・ファーニシングスは年商数百万ドルにまで発展しました。十六軒の店を出し、委託家具販売チェーンとしては全国一です。千八百平方メートルもある店舗には新品や状態の良い中古家具が置かれています。それらは、この本の読者のような一般の人の家や、施設、モデルハウス、在庫処分などで引き取ったものです。そして母と約束したとおり、サンフォード・アンド・サンズのようながらくたは扱っていません。

この会社が成長しているという噂はあっという間に広まり、私が積極的に講演活動をしていることもあって、テリーにできるなら自分だってできるはずだと多くの人が考えるようになりました。あちこちに顔を出したことで、全国的な賞をもらうようになり、Inc.《インク》誌から一九九二年度小売起業家賞をもらいました。一九九四年に商工会議所のブルーチップ・エンタープライズ・アワードを、一九九八年にエイボン女性経営者賞をもらいました。この賞をもらったことと、ナショナル・インクワイアラー誌に私の記事が載ったことがきっかけで、テレビのオプラ・ウィンフリー・ショーに出演しました。そんなわけで、私が成功の頂点に立ったと考えていたことも理解してもらえるでしょう。

でも、金持ち父さんの教えに接したことで、チャンスは他にもあること、そしてそれらをうまく利用すべきだということに気づいたのです。金持ち父さんを知る前には、私は家賃、備品、運送料も含めたあらゆる支払を現金でしていました。金持ち父さんのおかげで、自分がもっているものをレバレッジとして使い、キャッシュフローを作り出せばいいと学びました。

●私のやり方

金持ち父さんは、金持ちになるためにはビジネスオーナーだけではなく投資家にならなければならないと言います。金持ち父さんの教えを知る前の私は、店舗のほとんどをリースしていました。でもロバートの話を聞いて、不動産への投資が経済的安定につながる投資なのだと気付きました。

そこで、CEOのケン・クリッパの助けを借りて、会社で五エーカーの土地を購入しました。立地条件が非常に良かったので、人気が出る前に急いで買ったのです。会社の資金二十二万五千ドルを使って頭金を支払い、銀行から二十二万五千ドルを借り入れました。金持ち父さんは銀行のお金を使ってキャッシュフローを作れと言っていたので、そのとおりにしたのです。

その土地と交換に、土地開発会社と共同でLLC（有限責任会社）を作りました。土地開発会社はそこに床面積六千七百八十平方メートルのオフィスビルを建設し、私たちに頭金の二十二万五千ドルを支払い、ローン返済を肩代わりし、ビルの所有権の二十一パーセントを私たちに譲りました。このビルは現在テナントでいっぱいで、多額のキャッシュフローを生み出しています。

次に、このジョイントベンチャーのエクイティ百万ドルをレバレッジとして使い、調達した資金で二番目のビルを建て、テリーズの店舗にリースしました。その後も、それぞれのビルのエクイティをレバレッジとして使うことで三軒の店舗を建て、所有しています。今後二年間であと二店舗を建てる計画です。

その二店舗を建てる目的は、現金収入を得ることです。まず、未開発の土地を買い、その土地を売却あるいは交換することでジョイントベンチャーを設立します。ベンチャー会社が土地を開発すると、土地の評価額が上がります。建物はリースするので、ベンチャー会社は長期的な資金調達をすることが可能になります。この時点で、私たちは現金収入を得るのです。

五年後には六軒の建物を所有している予定です。ここ五年間に不動産で得た収入は、家具販売業に二十三年間携わって得たよりも多いのです。もしテリーズを売却しても、不動産収入でやっていけるでしょう。

家具販売ビジネスも、多角化しつつあります。たとえば、テリーズは家具の「下取り」というコンセプトを全国レベルでライセンス販売しています。この新しいビジネスを発展させるためには、委託販売ビジネスをサポートするためのソフトが必要だと気がつきました。

そこで、委託販売ビジネスのサポートをする唯一のソフトウェアを開発しているファーンサーブ・ソフトウェア社への投資を始めました。そしてこのソフトウェアを使って、テリーズのライセンス使用者だけが使える委託販売システムを開発しました。これは、トレードで行いました。私たちはソフトウェアを使用し、ファーンサーブ社は私たちがこれから始めるビジネスのエクイティを所有します。ロバート・キヨサキと二度目に会うまでに、私はこの会社の一部を買収していました。

ロバートとは最近フェニックスで会いました。彼もパット・マクマホン司会のモーニング・トークショーのゲストだったのです。私のインタビューを聞いていたロバートが、自分のセミナーに誘ってくれました。セミナーに参加した私は、すっかり驚いてしまいました。ソフトウェア会社を所有することは、その会社のソフトウェアの商標を持つという点で理にかなった行為だとわかったからです。そこで、この会社の株を買い足しました。

セミナーでは、家を建てて賃貸すればキャッシュフローを生み出せるということも学びました。そこで、別の二人と共同で会社を設立しました。住宅を買い、テリーズの家具を備え付けて、貸すのです。

現在、私はテリーズの社名と家具の「下取り」コンセプト、そして委託ソフトウェアの商標登録の実現に向けて専念しています。家具販売ビジネスを含めた年商は五千五百万ドルを突破しました。

私は金持ち父さんの教えを実践して他人のお金とアイディアを使い、それらによって自分のビジネスにより大きな成功をもたらすことができたのです。

●長い道のり

もし私に学習障害がなかったら、自分には起業する能力があると気づくことさえなかったでしょう。今日では、講演や本の執筆を通して、限界を超えてがんばろう、と人々に訴えています。社会から受けた恩恵を還元し、人々にやる気をもってもらうために、自分を信じれば成功できる、という私の信念を伝えているのです。

金持ち父さんに出合わなかったら、あらゆることが可能であるということを知らないまま、自分にできることだけを学んで満足し、ただそれを実行して終わっていたことでしょう。（長いこと付き合いのある銀行が頻繁に難しいことを言うようになったら、他に当たると言ってやった方がいいことを学んだのは重要でした。）

金持ち父さんによって、何もかも自分でやろうとしないで、賢く仕事をする方法を身につけることができました。そして教えに従って、強力なアドバイザーチームを作りました。

所有している建物からの収益で、私は引退することができるでしょう。将来の経済状態について心配しなくてもよくなり、自由な気持ちになれました。もっと良いことに、他の活動をする時間がもてるようになりました。そのひとつである講演活動は、新しいビジネスとなりつつあります。

新しいアイディアのきっかけを作ってくれた金持ち父さん、ありがとう！

第六部
人生を変えた出来事……………

金持ち父さんから学んだことで一番心に残っているのは、お金のもつ力を恐れず、それを使いこなすということだ。人は、自分が充分なお金をもっていないことを恐れて、お金の奴隷になってしまう。そしてその恐怖心を押さえ込むために、高給を約束する仕事に就こうとする。お金を自分のために働かせる方法を考える代わりに、お金のために働くというわけだ。

その他にも、金持ち父さんは貧しい人についても教えてくれた。そういう人の問題は、お金への恐怖心を抱いていることと、お金について何も知らないことだ。

第六部では、それぞれ恐怖心を抱いていた二種類の人々が登場する。高額の収入を得ていた人たちと、まったく働いていなかった人たちだ。みな、金持ち父さんの教えを学んで、お金に対する恐怖心を克服し、強固な経済的未来を築いている。

まず、驚くほどの逆境を乗り越えた女性が登場する。ステイシー・ベイカーは、ニュージーランドに暮らしている。彼女は貧しい家庭に生まれ、社会福祉に頼って生活し、経済的に豊かになる見通しもほとんどなかった。それでも、金持ち父さんから学んだことを活かして人生をコントロールし、キャッシュフローを生み出した。彼女の話を読めば、お金を作るためにお金は必要ではないということがよくわかる。ファイナンシャル・リテラシーがあれば、目の前のチャンスに気づくことができるのだ。

ステイシーの話とは反対に、私にeメールを送ってくれた人たちの中には、お金の力は給料の高さから得られると信じて長年キャリアを積んできた人たちもいる。安定した職、昇進、手当などは、彼らにとって非常に重要だった。しかし彼らは、そうした考えが、お金を充分にもっていないことへの恐怖心から生まれていたことに気づいた。そして昇進によって経済的安定が築けるわけではないことにもだ。稼げば稼ぐほど、彼らはお金を使っていた。成功すればするほど忙しくなり、家族や友人と過ごす時間が減っていた。稼いだお金だけでは、引退後の生活を支えることができない。ひとつには、将来は収入が増えると考えてお金を使っていたことがある。また、キャッシュフローを生み出して生活を支えてくれるような資産をもっていないこともある。自分の体だけが彼らの資産だった。

長期的なキャッシュフローを生み出す資産を手に入れる方法を金持ち父さんから学ぶと、彼らはそれまでの考えや行動を変えた。お金を充分にもっていないことへの恐怖心は消えてなくなった。安定した仕事や負債について心配する代わりに、資産が生み出す安定したキャッシュフローによる自信が生まれた。

韓国の勤勉な会社員シン・ヨンシクは、お金についての心配に加えて、昇進の難しさについてもストレスを抱えていた。金持ち父さんの教えに従って別な目標を定め、自分のビジネスを始めると、お金をコントロールできることがわかった。もはやお金に人生をコントロールされることはないのだ。

カリフォルニアに住むロナルド・ホードは、引退まぎわだった。仕事で高給を得ていたが、五十歳近くになって将来のお金について考えるようになった。そこで金持ち父さんによってお金の勉強をし、将来のプランを立てるために必要な自信をもつことができた。これまでに投資でがっかりした経験のある人や引退できるかどうか不安に思っている人ならだれでも、金持ち父さんの助けを借りて経済的安定を手に入れたロナルドの話を読んでほしい。

最後に、やはりカリフォルニアに住むマイケル・マリツェンの驚くような話がある。会社役員として高給をもらい、なにもかも——負債も含めて——もっていた彼は、お金についての考えをすっかり変えた。彼の場合、最大の動機はアメリカで起こった最悪の事件を基にしている。

これからずっと働き続けるのが嫌なら、住む地域や経済的状況にかかわらず、あなたもお金について学べば、人生を変えることができるのだ。

第十九章……

より良い未来

ステイシー・ベイカー（ニュージーランド、オークランド市）

少し前まで、私は自分のことをこう思っていました。三十歳、高校中退、シングルマザー、生活保護の受給者。自分で「貧しい考え方」と呼ぶ悪い習慣にはまり込んでいた私は、もっとましな状況があることなど知らず、変化をただ恐れていました。そして精神的、経済的な混乱から抜け出そうと思いつつ、だらしない生活を続けていたのです。

でも、幸運にも金持ち父さんと出合ったことで、私のようなひどい状況でも行動を起こすことができるのだとわかったのです。いろいろなことに注意を払うようになって、私の生活は変わりました。自信をもつようになり、新しい、わくわくするような可能性について考えたり、実行できるようになりました。

今では、私は繁盛しているクリニックと、二戸の賃貸物件を所有しています。自分では働かないことにして、息子と毎日の生活を楽しみつつ、経済的な安定を築きつつあります。

●かつての状況

私が一九六六年に生まれたマンジェールは緑豊かなところでしたが、町自体はオークランド郊外のごく普通の住宅地でした。そこに暮らす中流階級の人たちは、フルタイムの仕事に就いていました。みな同じように四分の一エーカーの土地に建てた家に住み、一生懸命に生きていました。私たちの家は農地に囲まれていましたが、年月が経つうちに、都市化の波に飲み込まれてしまいました。

私の父は、スモールビジネスを経営していました。ニュージーランドの北島のあちこちに大型の温室を建てる会社を作ったのです。

私たち子供がお金を扱うことはありませんでした。自分の土地で作ったトマトの市場価格が安かったときぐらいです。父が家の門の脇にスタンドを作り、私か六人きょうだいのだれかが売り子をしました。父はときどき会計箱に残った小銭をくれたので、それを集めてコーラやお菓子を買いました。その後、私が七歳のときに両親が離婚して、子供たち全員は母に連れられて家を出ました。

離婚後、母はパートタイムで臨時の仕事をするようになりましたが、幼い子供たちがいたので、生活保護を受けていました。この頃の記憶は、貧しかったことと寒かったことです。(ある冬の日に給湯栓の下側に両手をつけて温めようとしていた幼い自分を思い出します。)私たちが暮らしていた家はひどいものでした。母、兄、妹と一緒の部屋で目を覚ますと、床が濡れて氷のように冷たかったのを覚えています。水道管がひどく漏水して、ぼろぼろのカーペットが水浸しになっていたのです。

父もお金の問題に悩まされ、ビジネスの知識がないためにつまらない失敗をくり返しました。せっせと働くことが報酬を得る唯一の方法だと信じて、それを子供たちにも熱心に教え込もうとしました。帳簿を調べることなど考えもせず、いつも無料で仕事をしてあげていました。私の一番辛い思い出は、父にまつわるものです。まだ子供なのに、自分の父親がお金のために実際に涙を流すのを見るのは辛いものでした。父は破産寸前までいったことが二度あり、そのつど涙を流したのです。

私やきょうだいは、お金について無知なまま苦しんでいました。お金について知っているのは、それをほとんど見たことがないということくらいでした。

学校でも、いろいろと大変でした。ひどい家に住んでいたせいで、自分はなにをしても駄目なのだと思いこんでいたのです。小学校に入ったときから授業についていけませんでしたし、きちんと勉強して宿題を提出するような生徒にはなれっこありませんでした。楽しみは、遊ぶこととランチタイムでした。

高校では「出来の悪い」クラスに入れられました。それでも、ひとつだけ好きな科目ができ、その科目では良い成績を取りました。体育は楽しみでしたが、木の下でこっそりタバコを吸うのも好きでした。

授業をさぼるのが日課になりました。高校一年のときの一日の最後の授業は地理でしたが、その名簿に私の名前が載っていなかったので、授業を受けずに家に帰ってしまいました。でもおかしなことに、年度末試験では、地理の得点がいちばん良かったのです。もちろん、どのクラスでも落第ばかり。学校は耐え難い場所でした。私は場違いで、とても馴染めませんでした。

私の野心はといえば、ハイウェイに引かれた白線のように細いものでした。卒業したら何をしたいかと先生から聞かれたときは、トラック運転手になりたいと答えました。でも、次善の策も用意していました。トラック運転手がだめなら、工場で働けばいい、と。とはいえ、そこまでもいきませんでした。十六歳で高校を中退すると、郵便局で郵便の仕分け作業の仕事に就きました。それ以上の仕事には就けないだろうと思いました。私にとって、世界はそこでおしまいでした。

●お金の問題

二十三歳のときには、お金のことを何も知らなかったせいで、クレジットカードで借りたローンが三万ドルくらいに膨らんでいました。まったく記憶にも残っていないような仕事（そうした仕事はけっこうあるものです）をして、週に二百五十ドルもらっていました。三十歳のときにはシングルマザーで生活保護を受け、友人と一緒に賃貸住宅で暮らしていました。そして自分で収入を得る方法を作り出す代わりに、政府からもらうお金を増やすことに時間を費やしていたのです。

この時期の私は、お金がないことに怯えていました。将来の見通しがないままに小さな子供を抱え、自分はもう駄目だと思ってしまいました。息子ウィンストンの幼稚園の謝礼、たしか週に十ドルが支払えるかどうか心配していたのを覚えています。状況はそこまで悪化していました。

一九九七年、まだ生活保護に頼っていたときに、テレビの『ハウスショー』という情報番組で、『金持ち

父さん　貧乏父さん』のことを耳にしました。ロバートのインタビューと、彼が小学生に話をする様子が流れました。私が驚いたのは、家は資産ではないということでした。ロバートの話は納得できるものでした。

アパートをシェアしている友人は医師で、やはりこの番組を見ていました。それから少しして本屋でその本を見つけ、彼女が買いました。でも彼女はそのとき別の本を読んでいたので、私が先に読ませてもらい、すっかり引き込まれてしまいました。もっと多くを知りたくなり、友人とお金を出しあって『キャッシュフロー101』を通信販売で買いました。ゲームが届くと、真剣にプレーしました。

ゲームをするうちに、自分が置かれた状況を改善する方法があることを知り、それを見つけようと考えました。周りから、教育もなく貧しく生活保護に頼るシングルマザーと言われても、自分が「行き詰まっている」わけではないことに気づいたからです。金持ち父さんのおかげで、以前よりずっと建設的な考え方ができるようになりました。

そして、私の人生も急速に変わりました。一九九八年に、友人が職場であるクリニックのオーナーから、そのクリニックを買わないかと持ちかけられました。そのクリニックは十年前に開業し、資本を完全に回収して、さらに収益を上げていました。友人は別のクリニックに移ることを考えていたので、興味がないと答えたそうです。そのとき、私にあるアイディアが浮かびました。

それはチャンスでした。それ以前には気づかなかったようなチャンスが、目の前にありました。**つまり、私たちがそのクリニックを買えばいいのです。**新しい知識を得てそう考えた私は、友人にそれを伝えました。私たちはじっくり話し合い、その方法について検討しました。どちらもお金をもっていなかったからです。

●私たちのやり方

オーナーが求める金額は、秘密でもなんでもありませんでした。友人にその話を持ちかけたときに、四十万ドルとちゃんと明らかにしていましたから。友人は大胆にも、私たちが興味をもっていることを告げ、相談しました。

すると、オーナーはまず十万ドルを受け取ればいいということがわかりました。私たちがその金額を用意できれば、残りはローンで支払えばいいというのです。つまり、オーナーが銀行の役目を果たすというわけです。私たちは手付金として十万ドルを支払い、残りの金額はその後二年間でビジネスの収益から支払うことにしました。

私と友人はビジネスパートナーになりました。そもそもオファーを受けたのは医師である彼女ですが、金持ち父さんに刺激されてチャンスを見つけ、それを持ちかけたのは私ですから、フィフティー・フィフティーでいくことにしました。頭金十万ドルと、オーナーからのローン三十万ドルのリスクは二人で平等に負担するのです。

次に、会計士を雇って財務諸表に目を通してもらうと、とても重要なこと、つまりクリニックの収益は年間百万ドルを超えていることがわかりました。それから、ビジネスパートナーが医師であることから、私たちはニュージーランド医療保険協会に出向きました。この協会は、医療関係者向けのローンや保険を扱っています。

私たちはローン担当者に事業計画を説明し、財務諸表を見せました。そんな経験は初めてだったので、とても緊張しました。なにしろ資金もないし、まだ生活保護を受けているというのに、十万ドルものローンを申し込んでいるのですから！　でも、心配することはありませんでした。財務諸表を見せたとたん、ローンが下りたのです。返済期間は三年間で、金利は約九パーセントでした。

なにもかもが、ものすごい速さで進んでいました。売買契約は（売り手と私たちの）弁護士を通して行われ、契約に伴う諸費用はクリニックの収益から支払いました。

クリニックを買った日に、私は生活保護を受ける資格を喪失しました。そして喜び勇んで人生の次のステージに向かったのです。

私たちは十万ドルを三年間で返済し、オーナーからのローン三十万ドルは二年間で完済しました。その間も、クリニックからは常にかなりの収益が上がっていました。

二〇〇二年に、パートナーから、彼女が所有する権利を買わないかと持ちかけられました。彼女はまったく新しいライフスタイルを求めていて、二十五万二千ドルが必要だったのです。クリニックのマネジャーには、奨励金として二十五パーセントの権利を譲りました。私たちは友人にまず権利の代金を借りて、それを返済するという形にしたので、お金を用意する必要はなく、クリニックの収益で支払うことができました。こうして、私はクリニックの七十五パーセントを所有することになりました。私は医師ではありませんから、医療行為にはかかわりません。代わりに、次のベンチャーとして、キャッシュフローを生み出す良い方法だと金持ち父さんが言う不動産投資を始めることにしました。

●私のやり方

私が不動産投資ビジネスを始めたのは、二〇〇二年八月です。会計士に四百五十ドルを支払って、ビジネスを始めるのに必要な法的手続きをしてもらいました。

私は物件を探し始めました。気の合う不動産エージェントを見つけ、私の条件を説明しました。私がもっている不動産投資ソフトウェアは、コスト対エクイティおよびキャッシュフローを計算できますから、それを使っていろいろな物件の採算を計算しながら良い物件を探しているのだと話しました。充分なエクイティとキャッシュフローが手に入らないなら、投資をするつもりはないことも伝えました。

最初にこうやって釘を差しておいたので、エージェントは有利な物件を回してくれました。物件が条件を満たしそうもないときは、指値を下げることもありました。（実は、私が出した指値はどれも提示額を大きく下回っていました。）すると、驚くほど低いカウンターオファーが戻ってくることがあり、そんなときには買うべきだと考えました。そうでなければ、交渉を打ち切ります。

購入価格、キャッシュフロー、不動産価値を計算して、採算が合えば、その物件に関する書類を、モーゲージ・ブローカーでもある不動産コンサルタントにファックスしました。そして物件について話し合い、コンサルタントも気に入れば、ローンを設定してもらいます。

ローンの担保には、私が所有している分のクリニックのエクイティの一部を充てます。**私はこれまで、自分のお金を不動産に注ぎ込んだことはありません。**次の二つの物件のローンはどちらも三年間は金利が約七パーセントに固定されているので、それが過ぎたら、モーゲージ・ブローカー兼コンサルタントに相談してからローンを継続させます。（ニュージーランドでは、こうしたローンのほとんどは二年か三年は固定金利になっています。）

いままでのところ、二戸の賃貸用物件が私のものになりました。どちらも、経費やローン返済額を支払った後でも収益が残ります。

私が買った最初の物件は、４Ｂｒ（寝室四つ）のとても大きな家でした（物件25）。二〇〇三年の時点で、この物件の評価額は二十三万五千ドルでした。

それに加えて、私のソフトウェアでは物件の減価償却も計算に入れています。そこで償却費を申告して税金の還付金をもらうので、結果としてキャッシュフローが増えることになります。

二件目は２Ｂｒ（寝室二つ）の一戸建てで、価格は十万五千ドルでした（物件26）。二〇〇三年の時点で、この家の評価額は十三万ドルでした。

二〇〇三年八月に不動産投資を始めたばかりにしては、うまくやっていると思います。

●ときには失敗も

とはいえ、白状してしまえば、どの投資でも成功したわけではありません。二〇〇〇年には、クリニックの配当金で、自分が興味をもったオーガニックな食品と雑貨の店をまったくのゼロから始めました。

●物件26の収支内訳

購入価格	$105,000
物件への現金投資額	
頭金	$10,000
購入諸費用	$0
修理/改築費	$0
合計	$10,000
月々のキャッシュフロー	
家賃収入	$1,040
空家によるロス	$0
(現在この地域では住宅不足のため、空家によるロスは計算に入れない)	
収入合計	$1,040
月々の支出	
税金（固定資産税）	$88.06
保険料	$33.33
修理/メンテナンス費	$50
積立金	$0
管理費	$0
ローン支払（3年間は金利7%）	$524.37
支出合計	$695.76
月々の純キャッシュフロー	$344.24
投資収益率	
年間のキャッシュフロー (＄344.24×12)	$4,130.88
÷	
現金投資額	$10,000
投資収益率	41.3%

●物件25の収支内訳

購入価格	$211,000
物件への現金投資額	
頭金	$25,000
購入諸費用	$0
修理/改築費	$0
合計	$25,000
月々のキャッシュフロー	
家賃収入	$1,950
空家によるロス	−$0
(現在この地域では住宅不足のため、空家によるロスは計算に入れない)	
収入合計	$1,950
月々の支出	
税金（固定資産税）	$99.72
保険料	$41.67
修理/メンテナンス費	$50
積立金	$0
管理費	$0
ローン支払（3年間は金利7%）	$1,141.12
支出合計	$1,332.51
月々の純キャッシュフロー	$617.49
投資収益率	
年間のキャッシュフロー (＄617.49×12)	$7,409.88
÷	
現金投資額	$25,000
投資収益率	29.6%

その後二年たっても収益が上がらなかったためにこのビジネスをやめましたが、そのときには、損失は数十万ドルに膨らんでいました。どうしてこんなことになったのでしょう？　沈みかけた船にお金を注ぎ込んでいたからです。今から考えれば、投資した三十七万ドルをただ燃やしても、結果は同じでした。この経験から、多くの知識を得てからでなければどんなビジネスも始めてはならない、ということを学びました。ゼロから始めたせいで、このビジネスには基盤も財務報告書もなく、ましてや帳簿や財務諸表など存在しませんでした。

既存のビジネスを買う場合は、財務諸表に目を通して、投資して採算がとれるかを計算することができます。ところが私がしたことは、馬鹿げたギャンブルでしかありませんでした――私自身はギャンブルが嫌いなのに。

私はこの経験を、痛みを伴う貴重な授業だったと考えています。でも同時に、このような多額の損失を被ったにもかかわらず、その後もうまく投資を続けている私のような例はそうは多くないだろうとも思うのです。私はその一例ですが、自分一人でやっているわけではありません。

●自分のチームを作る

金持ち父さんが言うように、私は専門家のアドバイザーチームを作り、必要な情報を詳しく教えてもらっています。この場合、私に学がないことが幸いしています。自分には不動産投資の知識がまったくないことがわかっているので、その分野の専門家を雇うからです。彼らにいろいろな質問をし、時間をかけて説明してもらいます。そうやって、リスクを最小限に抑えることができるのです。

私のアドバイザーは、こんな人たちです。

1．不動産コンサルタント（モーゲージ・ブローカーでもある）は、すべての契約をダブルチェックする。

2．不動産エージェントは、私がどんな物件を探しているかを知り、条件に合う物件探しを手伝ってくれる。
3．建造物調査専門家は、物件を基準に照らし合わせてチェックし、修理が必要な場合には教えてくれる。
4．建造物評価専門家は、物件の価値を教えてくれる。

ところで、私はいまだに足し算や引き算が苦手で、九九にいたってはからきし駄目です。でも、性能の良い計算機ならもっています。ですから、リスク計算は大丈夫だといえますね！

冗談はこのくらいにしましょう。良い借金と悪い借金について理解したことで、私の人生は大きく変わりました。金持ち父さんから、良い借金とは自分で代金を支払う必要のない資産を買うためのものであり、悪い借金とは買ったとたんに価値がなくなるようなつまらない物を買うためのものだと教えてもらいました。この概念を理解したことで私はすばらしい世界に飛び込み、今まで経験したことがないほど豊かになりました。

適切な選択をすることから始めるという方法で、私はここまできました。以前の状況を考えると、今が最高です。

●次のステージ

私は今では働く必要はありませんが、それは良い仕事に就けなかった頃とは大きな違いです。なにしろ、お金が私のために働いてくれているのですから。とはいえ、これからも不動産を買って不労所得とエクイティを増やしていきたいと思っています。これからの一年間で賃貸用物件をあと五件買い、五年後にはアパートを含めた収益物件に投資する計画です。

「ここではそんなことは無理だよ」との周囲の言葉には耳を貸さないようになりました。不動産エージェントの中には、私の指値が低すぎるからと、売り手に通さない人もいます。（クリニックを買おうとしたときも、計画どおりに買うことなどできるはずがないと言われました。でも、実際には買えました。）

これまでにいろいろなことが起こりましたが、もっとも素晴らしく、価値あるものは、私の内面の変化でしょう。今では、お金について心配する必要はなくなりました。この先すべてを失ったとしても、またやり直せることがわかっているので、安心していられるのです。政府や他人に頼る必要がなくなり、自分に自信がもてるようになりました。息子の将来が、少なくともお金に関しては安全であると感じ、素晴らしい気持ちになれるのです。

息子とは『キャッシュフロー・フォー・キッズ』を一緒にプレーしています。ウィンストンは九歳ですが、何が無駄遣いかを知っていますし（私がいつも言い聞かせていますから）、私が賃貸用物件をもっていることや、クリニックを所有していることも知っています。彼はモデルの仕事をして、もうお金を稼いでいますし、銀行口座も開いています。投資を始める気になるかどうか、楽しみに見守るつもりです。

私が唯一残念に思うのは、両親が私の成功を見ることなく亡くなったことです。ですが、きょうだいはいまだに信じられないと言いつつ、私のことを誇らしく思ってくれています。かつての私と同じように経済的に不安定な暮らしをしていた友人の中には、やる気を出して、安定を手に入れてやり直すための情報を得ようとしている人もいます。そんな話を聞くと、私も嬉しくなります。

現在、私と息子はオークランドの北西部、マンジェーレから十マイルくらいのところに住んでいます。ときどき、車でマンジェーレを通ることがありますが、今では社会的にも経済的にも恵まれない人々が住む地区になっています。ここの住民はどうやって経済的な安定を手に入れるのだろう、と心配になります。

私自身、非常に悪い状況を苦労して乗り越えてきました。彼らも私のように金持ち父さんから学べば、同じように成功できるのだと考えると、希望がわくのを感じるのです。

第二十章……勝ちにいく戦略

シン・ヨンシク（韓国ソウル市）

何年もの間、私の収入は給料と特別手当だけでした。年末にはボーナスが支給されましたが、それは会社の収益によって計算され、社員一人ひとりの実績とは無関係でした。ボーナスの金額は通常、月給と同額から二倍までです。

現在は、家族を養うためにお金が必要です。しかし将来についてははっきりとしたイメージをもっていませんでした。投資をしたいとも思いましたが、自分にはそれだけの資金がないと考えていました。予測不能な危険から家族を守るために私ができる精一杯のことは、給料の一部を貯蓄と年金の積立に回すことでした。そこで給料の三十パーセントを貯金し、その一部で借家の家賃のために借りていたローンを返済しました。他の人たちと同じように、私たちも良い住宅地に住むこと、つまり娘たちにより良い教育を受けさせ、もっと良い住環境で暮らすことを望んでいました。私は三十七歳で、妻との間に二人の娘がいます。しかし、そのためにはお金の問題がありました。私には六か月間失職していた時期があり、銀行から借金をしていたからです。

仕事に関しては、一生懸命に働けば、六十歳で退職する前に役員になれるだろうと考えていました。私は一九九四年からコンピュータゲーム関連のソフトウェア企業に勤めていた他、大企業やベンチャー企業の両方に勤めたことがあり、だいたいは経営戦略部門や営業管理部門で働いてきました。経営戦略部門は、経営戦略や調査（経営分析や事業部の業績管理）、広報（IR、投資家向け広報）などを扱う部署です。

私は同世代の人たちと同じように、会社勤めをする以外に人生を送る道はないのだと思い込んでいました。

ところが残念なことに、韓国の会社にある年功序列制などの制限のために、壁に突き当たってしまったのです。韓国ではつい最近まで、サラリーマンの昇進には個人の能力よりも年功序列や学歴、人脈などが重視されてきました。私が働いていた大企業も例外ではなく、私はすっかり幻滅してしまいました。会社のために先輩や同僚よりも優れた貢献をしたにもかかわらず、それに見合う報酬を得られなかったのです。

問題は他にもありました。私は大学を出てはいますが、いわゆるエリート校ではありません。エリート校の同窓生は積極的に情報を交換したり助け合ったりしますが、そこに属さない私は必要な情報を得ることができず、疎外感を味わっていました。

しかし三年前に金持ち父さんの教えを受けたことで、仕事、起業、そしてお金を稼ぐ方法がすっかり変わりました。一番大切なことは、生き方を変えたことと、自分や家族の将来についての考え方を変えたことです。

●必要なときに必要な教えを得る

二〇〇〇年初め、書店で『金持ち父さん　貧乏父さん』を見つけました。マネジメントの本を探していて、表紙が目に留まったのです。そのとき、金持ちになりたいのならこの本を読め、と年上の友人から言われたことを思い出しました。

本を読みながら、サラリーマンが金持ちになることの難しさについてすっかり共感してしまいました。サラリーマンとして働くことは企業の方針やルールに従うことであり、その結果として創造性が弱まり、自由な精神が失われることになります。そして私の不満の種は、自分がどれほど大きな業績を挙げても、それに対する報酬が約束されていないことでした。

『金持ち父さん　貧乏父さん』を読んで、わずかなお金しかなくても、誰でも金持ちになれることを知ると同時に、人生にははっきりした目標が必要なことも学びました。そして真の金持ちはお金をたくさん持っているだけでなく、温かく気前のよい人でもあるということもです。何よりも、自分がしたいことをやり遂げるのだという自信がもてました。

生き方を変えなさいという金持ち父さんのメッセージは、変化を必要とする状況にあったことからも、私の胸に強く響きました。この本を読み始めてから一時間もしないうちにそれに気づいた私は、行動を起こすことにしました。まずは、出社時間を午前七時三十分にしました。この時間にはマネジメント部門の人たちはまだ誰も出社していないので、自分一人の自由な時間を使っていろいろなことができます。忙しい一日が始まる前に心の準備をし、ニュースを読み、不動産市場についての情報を仕入れました。

プライベートでは、ローンの返済を始めました。金持ち父さんのおかげで、負債が将来の計画の邪魔になることがわかり、なるべく早く完済することにしたのです。私には個人的な借金と、緊急の事態に備えて借入れができるローン口座があり、そこから緊急のお金の出し入れをすることになっていました。とはいえ、なるべくローンを組みたくなかったので、その口座を使うつもりはありませんでした。

私はとうとう、五十歳になる前に引退すると決め、父が手がけている不動産ビジネスに入る決心をしました。

不動産から収益をあげられることはわかっていました。私の祖父は少しずつ貯めたお金を不動産に投資して、資産を築き上げたからです。しかし金持ち父さんの本を読んだ私は、もっと具体的で細かい計画を立てることができました。不動産開発プロジェクトの採算を細かく計算し、金持ち父さんが描いているモデルケースと頻繁に照らし合わせて確認しました。

●次のステージ

このとき、私の父は借金に苦しんでいました。そして健康ではあったものの、働くのがきつくなり始めてもいました。そこで私は、父が所有しているゴルフ練習場にワンルームマンションを建ててはどうかと提案しました。

父はさらにローンを組むことができませんでしたから、建設費はワンルームマンションから得られる家賃を使って支払うことになります。銀行ローンが下りると、父と私はマンション建設の契約書にサインして頭金を用意しました。

大切なのは、ブランド力の高い建設会社と組むことでした。幸運なことに、当初の投資は少なくてすみました。設計費はたったの十四万ドルで、建築許可を得るのに頼んだ弁護士への費用は、自分たちで負担しました。このプロジェクトは成功し、私はマンションの販売を受け持つことになりました。

そうする間に、私は自分の興味が会社の仕事よりも不動産ビジネスにあること、またそれが得意でもあることに気づいたのです。そこで不動産開発および管理のビジネスを始め、父のワンルームマンション・プロジェクトの管理をしながら、他のプロジェクトも手がけるようになりました。

私にやる気を起こさせてくれたのは、金持ち父さんのもう一つのメッセージ、自分がやりたいことを決めたらすぐに実行する、です。実際に自分のビジネスをもつと、自分の時間や仕事をコントロールしているという気持ちが生まれます。その結果、ごく自然に創造性が高まり、積極的に行動できるようになったのです。自分のビジネスという世界で、より良い人的、経済的な資産を集めるためのアイディアが浮かんできました。また、交通費、通信費、その他の経費を会社につけるようになったために、以前よりも稼ぎや特典が増えました。

マンションを建てたことで、建築用の土地を売却するよりも大きな収益があがりました。今までのところ、九十八パーセントが売却済みです。ワンルームマンションの広さは四十二~五十三平方メートルです。七戸のマンションと九つの娯楽室は、将来使うためにとってあります。

三百八十八戸のワンルームマンションの販売による総収益は三千二百六十万ドルで、九つの娯楽室の販売による総収益が二百七十五万ドルですから、合計額は三千五百三十五万ドルになります。建設費、税金、広告費、コンサルタント料などの経費を差し引くと、純収益は五百十五万ドルです。（三百二十万ドルは土地の所有者に支払います。）

今や自分の経済的な未来が見えてきたので、私は一年かけて自分のビジネスを築いてから「昼間の仕事」をやめました。

●他の投資もうまくいく

金持ち父さんの本を読んだことで、株式投資の仕方も変わりました。資産の重要さと、元手となるお金を集めることの大切さに気づいたからです。元手は、収入を貯めることで集めました。また、インターネットの資産管理プログラムを使うようになり、そのおかげで賢明な投資を行うことができました。

私は個別の株式の価格を予想するのではなく、企業の的確な分析に基づいて長期的な投資を行うことにしました。そのために、経済政策、経営環境、金利、為替レート、その他の要素を考慮しつつ、自分の投資パターンを組み立てます。株式市場への投資用に四万一千ドルを用意したものの、現在は市場が不安定なので、投資は控えています。

父親から帳簿の付け方を習ったことは幸運でした。私は小学生の時から、自分のお金を管理してきたのです。

●将来は明るい

私はお金に関する自分の生き方をコントロールする方法を学び、今でも学び続けています。金持ち父さんからは、常に前もって計画を立てて自分の行動を分析し、（税理士や弁護士などの）アドバイザーから得た知識、経験、意見をうまく利用することを学びました。また、経済や不動産市場にかかわるトレンドや関連産業で起こる変化を注意深く見守り、次の不動産開発プロジェクトに備えています。

もし、いま私の全資産を売ったら、価格は八十四万ドルになります。このお金を銀行に預けたら、三千百ドルから十六・五パーセントの税金を引かれた金額を毎月受け取ることになります。しかし、家族のためにはまだまだお金が必要です。そこで、子供の教育や家族の将来のために、さらに資産を築くつもりです。

ビジネスはうまくいき、私は投資から得られる収入を増やすために情報を集めたり決断を下したりするのを楽しんでいます。でも、もっと楽しいのは、自由な時間が増えたことです。いつ働くかを自分で決めることができるのは、従業員だった頃には味わえなかった贅沢ですから。そう驚くことではないかもしれませんが、私は長いこと欠点としていた怠け癖を克服することができました。以前はものごとを締め切りぎりぎりまで引き延ばし、そのために問題を起こしたこともありましたが、今では、これまでに成し遂げたことを活かすために、どんなチャンスでも逃したくはないと考えているのです。

第二十一章……

引退まぎわで

ロナルド・ホード（カリフォルニア州サンフランシスコ、ベイエリア）

私は博士号をもつ機械エンジニアで、国立の研究開発機関で二十五年間も働いてきました。私のインフレ対処法は、もっと一生懸命に、もっと長時間働く、という単純なものでした。そうすれば昇進し、給料も跳ね上がると考えていたのです。とはいえ、私が就いているような高収入の仕事は、もっと賃金の低い仕事に比べてストレスが非常に大きく、不安定であることは考えに入れていませんでした。

私にとって、経済的な安定を得るための唯一の方法は、中間管理職として働き続けることでした。二十代のときに将来は政府の年金で充分だろうと考えたため、今では評判の悪い４０３（ｂ）投資信託以外には投資していませんでした。二〇〇〇年に株価が急落して以来、私たち夫婦は投資信託口座に預けていたお金の約六十パーセント——十五万ドル——を失ってしまいました。ところがそれまでの私はヤッピー的な生活をして、給料をすっかり使ってしまっていたのです。

しかし、そんな私も心を入れ替え、生き方も変えました。もはや、くたくたになるまで働くことが生き残るための方法だとは考えなくなりましたし、そうやってお金を稼ぐという考えは捨てました。エンジニアとして勤めながら投資を行い、今では集合住宅も所有しています。私と妻、そしてティーンエイジャーの息子の三人は、すでに経済的安定への道を歩み始めているのです。私たちはより良いライフスタイルを築きつつあります。私がシカゴのスラム街で育ったことを考えれば、私たちはたしかに正しい方向に進んでいるといえるでしょう。そのきっかけのひとつが『キャッシュフロー１０１』というゲームだったことは、興味深いことです。

●飽きないゲーム

一九九九年のある土曜日の朝、私は当時十三歳六か月だった息子（名前は私と同じロナルド）と一緒に『キャッシュフロー101』を始めました。二人とも、その前年に『金持ち父さん　貧乏父さん』（「金持ちが教えてくれるお金の哲学」という副題にとくに惹かれて）を読み、大いに興味をもちました。それで、巻末にあったゲームの宣伝を見て、注文したわけです。

ゲームを始めたときは、二人ともラットレースから抜け出すまではやめないつもりでした。しかし予想以上に時間がかかり、思いもしなかったさまざまな感情を味わうことになりました。ダウンサイジングのコマに止まったとき、息子は涙を流しました。（私も同じ気持ちでしたが、涙は見せませんでした。）がっかりしてゲームをやめないように息子を（そして私自身をも）励まし続けなければなりませんでした。ようやく、十一時間も苦しんだ末に、上がることができました。ぐったり疲れて、どんな感情も抱けなくなっていましたが、何か素晴らしいことが自分たちに起こったのはわかりました。

このゲームをしたことで、私にとっての最大の障害を打ち破ることができたのです。私はいつも、賢い不動産投資をしたくても銀行から借金をして負債まみれになることを恐れていました。「お金を作るためにはお金が必要だが、それが自分のお金である必要はない」という言葉は理解できましたが、実際には怖くて行動に移せませんでした。そんな考えを変え、不動産購入のための借金は大丈夫なのだという事実と向き合ったことで、私は驚くほど自由になれたのです。私はこのゲームが「お金についてのシミュレーター／トレーナー」だと考えています。

嬉しいことに、息子も私も、このゲームをするたびにうまくなっていき、『キャッシュフロー101』でも『キャッシュフロー202』でも、一時間もかからずにラットレースから抜け出せるようになりました。

●ずっと正しい道を歩んでいた

私の考え方が大きく変わったことを説明しましょう。当時、私たちはすでに不動産を所有していました。一九八三、八四年にカリフォルニア州ストックトンで買った二戸の家族向けコンドミニアムです。価格は三万ドルと五万ドルで、頭金は現金で支払いました。その頃はわずかな現金しかなかったので、小さな物件しか買えませんでした。

自分たちが住むためにもっと大きな家を買うことにしたので、古い自宅を賃貸に回しました。ところが、コンドミニアムからも賃貸住宅からも、キャッシュフローを得ることができませんでした。（償却による控除申請をしたことで税金が優遇され、結果としてはキャッシュフローを得たわけですが。）

しかし「金持ち父さん」シリーズの本を読んだことで、小さな物件に投資している現状から不動産投資の次のレベルにステップアップすることにしました。アパート一棟――ビッグディールです――の方が、はるかに大きな収益を上げることができるからです。広い視野で考えた結果、コンドミニアムと賃貸住宅のエクイティを使って、収益を大きくアップできることに気づきました。

私たちが所有している不動産（住んでいた家は含みません）を売却することで、頭金用の八万ドルを用意することができました。

まずカリフォルニア州内の物件を探しましたが、とても採算が合わないことがわかりました。（キャッシュフローが大きく赤字になります。）そこでネバダ州（カリフォルニアよりは良い）とアリゾナ州（もっと良い）で探しました。最終的に、インターネットでテキサス州ダラスに本拠地を置く大手のアパート管理会社を見つけました。この会社は、アメリカ西南部（南北はテキサス州からオクラホマ州、東西はアイオワ州からバージニア州）で三万戸ものアパートを扱っているほか、アパートの購入や投資も行っています。

私はアパート購入部門のマネジャーに直接電話をかけて、不動産相場が妥当で、これから値上がりしそうな地域はどこかと尋ねました。答えはテキサス州カレッジ・ステーション／ブライアン地区、ミシシッピー州ジャクソン、テキサス州ガルブストンでした。そしてカレッジ・ステーションの不動産エージェントの電話番号を教えてもらいました。その結果、私が現在もっているアパートは三棟ともカレッジ・ステーション地区にあります。

最初に買ったのは、ブライアンにある三十七戸のアパート一棟で、価格は四十二万五千ドル。建物自体は、同じ地区にある賃貸用物件の中でもとくに目を引くようなものではありませんが――平屋で、外側にバルコニーもない――家賃が安いので、常に満室でした。部屋はすべて1Br（寝室一つ）で、広さは約三十七平方メートルです。

収支内訳は次ページのようになります（物件27）。二〇〇三年には、このアパートの評価額は六十六万九千ドルでした。

こうして借金への恐怖心を克服できたので、私はどのアパートを買う際にもホーム・エクイティ・ローンを使いました。三棟のうち二棟は、全額をローンで支払っています。

その翌年に同じ地区でアパートを二棟買ったので、所有するアパート戸数は合計百十三戸になり、価値は約三百五十万ドルです。一棟は購入直後からキャッシュフローをあげており、残りの二棟もローンの借り換えを行えばキャッシュフローをあげることになります。

私は自分が投資した対象を把握するために、三、四か月に一度はアパートを見に行きます。そして不動産マネジャーに会って必要な事柄について話し合い、空室の内部をチェックし、それまでに行った工事を再調査し、建物のメンテナンスについて検討します。

●次の段階

これらの投資によって経験と自信を得た私は、わくわくするようなプランを立てています。五十歳になったら全額引き出せる公的年金を頭金に使って、もっと大きなアパートを一棟買うのです。（別な方法としては、年金を毎月受け取ってもいいのですが、その場合には一度にごくわずかの給付金しか受け取れません。）

年金の全額をレバレッジとして利用すれば、六十五歳まで仕事を続けようと努力している同年代の人たちよりもずっと早く引退できるでしょう。彼らの多くが仕事を続けようとするのは、収入が必要だからです。また、４０１（ｋ）や他の年金プランで投資していたお金がここ数年で消えてしまった人たちは、失った時間とお金を取り戻すために働き続けなければならないでしょう。とはいえ、そのうちの多くは、健康の悪化や企業の人員削減、早期退職制度などによって、現在の仕事を六十五歳まで続けることはできないと思われます。

退職者についての気になる統計を見たことがあります。航空宇宙産業が発表したある研究によれば、六十五歳で退職した平均的な人（航空宇宙企業の元従業員）は、平均すると退職後一年半で死亡しているのです。ですから、「生涯」支払われると約束された年金を充分に受け取ることはありません。もっと重要なことに、退職前に死んでしまえば、退職後のさまざまな特典——自由な時間、趣味、旅行、ストレスの少ない生活、

●物件27の収支内訳

購入価格	$425,000
物件への現金投資額	
頭金	$85,000
購入諸費用	$6,000
修理/改築費	$0
合計	$91,000
月々のキャッシュフロー	
家賃収入（$325/戸×37）	$12,025
空家によるロス（5％）	−$601.25
収入合計	$11,423.75
月々の支出	
税金（固定資産税）、保険料、公共料金、庭の手入れ、ゴミ収集、修理費	$4,335
管理費（家賃の5％）	$571
ローン支払（25年/金利8.375％）	$2,709
支出合計	$7,615
月々の純キャッシュフロー	$3,808.75
投資収益率	
年間のキャッシュフロー（$3,808.75×12）	$45,705
÷	
現金投資額	$91,000
投資収益率	50.2%

孫たちとの交流――もなくなってしまいます。つまり、一般的な退職年齢と、苦労してようやく手にする年金は、三十年や四十年もの労働には見合わないものなのです。自分や家族がそんな憂き目を見るのはごめんです。

同じ統計で、たとえば五十～五十五歳で早期退職した人は、八十～八十五歳という高齢になるまで人生を楽しんでいることがわかります。私は、こちらの方を選びます。そうすれば、この先――少なくとも――三十五年間は、いろいろなことをして過ごせるのですから！

とはいえ、私たちは年金を一気に不動産投資に注ぎ込むことは避け、ある計画を立てました。まず経験を積むことが大切だと考えたので、そのために私が退職する予定の三年前に自宅のエクイティを資金として使って物件を買い、不動産投資を始めたのです。その間は二人とも仕事を続け、投資の分析法を学ぶとともに、まだ沸き上がってくる恐怖感や不安感に対処する方法を身につけました。

正直に言いましょう。居心地の良い自分の思考範囲から足を踏み出すのは、恐ろしいものです。でも、一歩退いて冷静に投資を分析することで、恐怖感を克服することができます。それ以外にも、過去の決断でうまくいったもの、いかなかったものについての知識を利用してもいいでしょう。私たちの場合は、大きな物件からのキャッシュフローが安心感をもたらし、もっと大きな物件に自信をもって投資することができました。計画では、二年ごとにローンの借り換えを行って、所有する物件の戸数を増やしていくつもりです。

比較的簡単に借金をして何百万ドルもする物件に投資できることに、私はいまだに驚いていますが、そのためには貸し手のルールに従うことを忘れてはいけません。それでも、自分がそれほどの大金をコントロールできるようになるとは、思いもしませんでした。私は貧しい家庭に育ち、一生懸命に働くこと以外にどうやってお金を手に入れるか知らなかったし、ましてやどうやってお金をたくさん集めるかなど、耳にしたことはありません。そして可能性を手にするためには教育を受けなければ、としか考えていませんでした。ただし大学を卒業したことは、仕事の上や投資用の資金を得るという点では役立ちましたが、もしお金についての勉強をしなかったら、不動産投資の可能性に気づくことはなかったでしょう。

計画ではまず、六十五万ドルの一括金を頭金にして、次の大きな投資物件である、アパートか小さなショッピングセンターを買います。そのためにヒューストン地域のＣＣＩＭ（公認不動産投資マネジャー）を雇って、テキサス州やその周辺で物件を探してもらっています。なんといっても私の年金がかかっているのですから！

今、私は以前考えていたよりも多くの自由と、他の方法を検討するための知識とを手にしています。お金についての勉強を通して多くのことを学んでいますが、なかでも重要なことが二つあります。まず、お金を稼ぐためには勉強が必要ですが、勉強したことは身についていきます。（ですから関心事やレジャー、趣味を選ぶときには充分に吟味した方がいいでしょう。）次に、恐怖心は勉強の邪魔になりますが、知識を得ることで恐怖心を克服できます。

私はアドバイザーチーム（不動産マネジャー、不動産専門の弁護士、不動産エージェント、会計士、ローン会社や銀行など）から、あらゆる点で助けてもらっています。彼らの専門知識が、恐怖心を振り払うためにたいへん役に立ちました。また、大手の不動産管理会社やＣＣＩＭのサービスを利用して、お目当ての地域の物件を探すことを勧めます。どちらも、不動産投資のアドバイザーチームには欠かせません。

●ただ今、投資家として修業中

私たち夫婦が退職後の計画を立てる一方で、息子は自分なりの方法を考えています。以前は私のようなエンジニアになりたいと言っていましたが、考えを変えたのです。ひとつには、エンジニアの報酬が充分ではないことがあります。また、私たちがすることを見ていて――私たちはいまだに『キャッシュフロー101』をしています――大学では不動産投資を専攻することに決めたそうです。将来はＣＣＩＭになって高層ビルやショッピングセンターのような最大級の不動産物件の売買をしたいと言っています。息子は十六歳ですが、大方のティーンエイジャーとは異なり、将来のはっきりした目標、そして動機があります。彼がこのように成長したことに、私たちは喜んでいます。

私と年齢の近い人たちに伝えたいことがあります。今すぐ投資を始めれば、少なくとも三年間はいろいろと学び、失敗も経験して、成功できるでしょう。六十五歳で残りの人生の経済的環境が決められてしまうまで待っていてはいけません。今のうちに、人生を変えてください。もし今もっている知識を二十歳のときにもっていたら、私は三十歳で引退できたことでしょう。私の息子はきっとそうなるだろうと思っています。

第二十二章……

セカンド・チャンス

マイケル・マリツェン（カリフォルニア州フリーモント）

私は二〇〇一年九月十一日にグラウンド・ゼロにいました。そして多くのアメリカ人と同様、自分たちの世界が崩れていくのを見たような気がしました。だれもが、その人なりの方法で、その人なりの時間を使って、あの破滅的な出来事に対処していることでしょう。ただ、私がこの想像もしなかった苦難を乗り越えるのを助けてくれたのが一冊の本――『金持ち父さん　貧乏父さん』――であったことは、自分でも予想外でした。カリフォルニア州の自宅に戻ってからの私に目標をもたせてくれ、あの恐ろしい出来事のトラウマを振り切って足を踏み出させてくれたものが、ロバートのメッセージだったのです。私はそれにしがみつくことで、あの悲劇の後のひどい精神状態から抜け出すことができました。信じられないような話ですが、事実なのです。

●セーフティネットなしに空を飛んでいた日々

きっと私は九月十一日よりも前にこの本を読む定めだったのでしょう。ソニー・コーポレーション・オブ・アメリカの中核にいた私は、西海岸と東海岸を往復して、経営拡大、企業戦略、ソニーブランドの構築と発展に務めていました。それはまるで、飛行機の中で暮らしているような毎日でした。日本で開かれるたった一時間の会議のために飛行機に飛び乗って太平洋を越え、会議が終わると回れ右してカリフォルニアの家に帰ることも日常茶飯事でした。ある日、私は会議を終えてニューアーク空港で飛行機を待ちながら、ウォールストリート・ジャーナル紙を読んでいました。そして『金持ち父さん　貧乏父さん』についての記事に目を通し、興味を引かれました。そこで空港の書店でその本を探して買い、カリフォルニアへのフライト中に読み始めました。

「たしかにそうだな」アメリカ大陸の上を飛びながらページをめくりつつ、私はそう思っていました。ロバートは、普通の人でも人生を変えることができ、そのプロセスで富と自由を手にすることが可能なのだと言います。べつに経済について詳しかったり、不動産ブローカーである必要はないのだと。そのメッセージはシンプルでわかりやすく、常識的でありながら力強いものでした。そして行動計画と、そのために必要なステップが示されていました。いろいろと勉強しなければなりませんが、その見返りは莫大です——もし自分を信じることができれば、の話ですが。

私が驚いたのは、恐怖についてロバートが書いていることでした。恐怖は波のようなもので、それが襲ってくると行動できなくなってしまう。恐怖に支配されないためには、自信をもたなければならない。あれをすべきだ、これはすべきでない、という他人の言葉に耳を貸していては、進んで失敗するようなものだ。自分の直感を信頼するしか、道はない、と。

私はその後すぐに、決して忘れないような方法でこのことを教えられることになりました。

●明らかなメッセージに耳を傾けなかった私

今になって考えると、あらゆることが私を九月十一日にニューヨークへ行かせないようにしていたとしか思えませんが、そのときの私は注意を払いませんでした。その前の週の土曜日には、心の奥底で、何か恐ろしいことが起こるような気がしてなりませんでした。出張から戻らないかもしれないと、はっきりと感じたのです。不思議なことに、私のガールフレンドも同じように不安になっていました。たしかに私たちは、私があまりにも多く飛行機に乗ることに不安を感じることがありましたが、このときの感じはいつもと違っていました。それは、それまでに経験したことのないような恐怖感でした。

そして、出席する予定だった会議が中止になりました。それだけでは充分でないかのように、天候が悪化して、フライトがキャンセルされました。それなのに、私は企業の幹部としての職務を遂行するために——ニューヨークでは常になにかしら仕事があるものです——別のフライトを予約しました。すると、それもキャンセルされ、三便めにしてようやく出発できました。

一機目の飛行機が世界貿易センタービルの北タワーに突っ込んだとき、私は南タワーの十七階にいました。一緒に仕事をしていたグループの全員が避難することにして、階段を下り始めました。その途中で、また上っていく人たちを見ました。彼らは南タワーは安全だと考えたようですが、私たちは下り続けました。それは本能的な行動でした。

外に出たとき、私の隣には日本人ビジネスマンがいました。混乱の極みの中で、爆音がどんどん大きくなっていきます。上を見上げた瞬間、二機目の飛行機が南タワーに激突しました。私は日本人ビジネスマンに目を向け、体の中でアドレナリンが吹き出すのを感じました。なにもかも——神経も、本能も、はらわたも——逃げろ、早く逃げろと叫んでいます。でも、日本人ビジネスマンは凍りついたように動きません。私はとくに背が高いわけではありませんが、彼は私より小柄でした。私は彼を抱きかかえるようにして走り出しました。ビルから降ってきた灰色の埃に頭のてっぺんから足の先まで覆われながらも走り続け、数マイル離れた五十五番街とマジソン・アヴェニューの角にあるソニーのビルにたどり着きました。私たちは一度も後ろを振り向きませんでした。

●自信のレバレッジ＝人生のレバレッジ

その週の土曜日になってようやくカリフォルニアへの飛行機に乗れたときには、私はぼろぼろの状態でした。それでも、なにか大きな変化を起こさなければ、という気持ちになっていました。まず、残りの人生を飛行機の中で過ごすのはごめんでした。次に、これ以上のキャリアを築くことはできないだろうと考えました。会社員としての目標は、すべて達成していたからです。私は多くの手当や、自分専用の運転手付きリムジン、無制限に使える経費、数十万ドルの給料、最先端のハイテク機器を手に入れていました。でも、それらが重要だとは思えなくなったのです。

「私はこれから何をしたらいいのだろうか」と自問すると、頭の中に何かが浮かびました。それは『金持ち父さん　貧乏父さん』を読みながら、人生で初めて自分の目標を書き出したことでしたが、遥か昔のことのように思えました。そのときは、ただ書き出しただけで、何の行動も起こしませんでした。長年慣れ親しんできた考え方の方が強かったからです。「もし……が起こったら」とか「賛成だ。しかし……」という考えが、ロバートの哲学への共感を上回っていたのです。何年も前に祖父が不動産投資に失敗して破産したことも、頭に引っかかっていました。

しかし今や、すべては変わりました。私は別人になったのです。自分の人生をコントロールして、望むように生きるつもりでした。私は再び腰を落ち着けて、自分の望みを書き出し、経済的な目標や個人的に望むことのリストを作りました。

九月十一日の同時多発テロを経験して、私は「いつか」が今であることに気づいたのです。

●お金についての知識

それまでは、自分の望みについてそこまで深く考えたことはなく、ましてや行動を起こしたことなど、ほとんどありませんでした。私は四十代の終わりで、この世代ではよくあることですが、親——私の場合は母親——が経験した大恐慌時代の記憶から大きな影響を受けています。父が空軍に所属していたので、私はメイン州で生まれてテキサス州で育ちましたが、いつも恐怖について聞かされていました。仕事を失うこと、請求書の支払ができないこと、そして何よりも恐ろしいのは、破産することでした。恐れることはたくさんありました。だから私がすべきことは良い教育を受け、一生懸命に働き、引退に備えて小さな資金を大切に守ることであり、それが目標でした。

私はテキサスA&M大学で情報工学の修士号を取り、立派なキャリアを築くためにがんばってきました。それでも、自分がごく平均的な人間であり、遥か彼方にある引退というニンジンに向けてとぼとぼと歩いているように感じていたのです。きっと六十五歳で引退できるだろう。いや、もしかすると七十歳まで働かなければならないかもしれない。ときには、一生働き続けなければならないかもしれない、と考えることもありました。

私は、教えられたとおりに貯金もしていました。しかし、貯金は安全だとの考えは、もろくも崩れてしまいます。一九九九年から二〇〇二年にかけて、株式のポートフォリオの価値が七十五パーセントも下落したからです。

投資信託のポートフォリオの価値も四十五パーセント下落したので、この二つで、七十万ドル以上も失ったことになります。さらに、401(k)年金プランの価値も三十パーセント落ち込み、金額にすると三万ドル近くを失いました。七十五万ドル近くを失ったことは、どれほど楽観的に考えてもたいへんな痛手です。

状況はさらに悪化しました。二〇〇一年には、クレジットカードによる浪費と自動車ローンの支払とで、借金が三万ドル以上に膨らんでしまったのです。クレジットカードの一枚で借入れをして、別のクレジットカードの支払に充てていたほどでした。大金を稼いでいたにもかかわらず、私は破産すれすれだったのです。

●人生を建て直す

九月十一日の直後、ソニーはプロジェクトや人員の縮小を始めました。私はその機会をとらえて早期退職することにしました。友人や家族の中には、私の頭がどうかしてしまったと考える人もいましたが、自分は正しいことをしていると感じていました。かなりの額の早期退職手当を手にしたので、私はそれまでの生き方をやめて新しい生き方の計画を立て、見つけたばかりのまったく新しい考え方を行動に移すことにしたのです。仕事ではなく、自分の人生についての計画を立てました。私は精神的に立ち上がり、古い感情を振り落とし、まったく新しくやり直す決意を固めました。

二〇〇一年十月に、私は小さなソフトウェア会社からのオファーを受けて経営戦略の仕事を始め、今でも続けています。給料は十五パーセントも減りましたが、早期退職手当がありましたし、すでに不動産投資を視野に入れていたので、気になりませんでした。さらに、この仕事から受けるストレスは、ソニー時代よりもはるかに少ないのです。もっといいことに、出張もありません。

十月から十一月にかけて、私はそれまでになかったことを経験しました。個人向けローンを申請し、借入限度額を設定したのです。ロバートの他の本を読んだり、同じような考えの友人たちと『キャッシュフロー101』をしたりもしました。

また、インターネットでテキサス州の賃貸用物件を探し始めました。義理の姉が住んでいるサンアントニオがとくに魅力的で、彼女が物件の管理をしてくれることになりました。

十二月には二棟の二世帯住宅を選び出し、翌年の一月に両方を購入しました。こうして新しい人生が始まりました。

この時期、驚くような変化が起こりつつありました。それまでは敵だった恐怖心が、味方へと予想外の変身をとげたのです。そのことに、自分でも驚いたり喜んだりしました。以前は、お金のことになると怯えてしまい、自信がないために分析や行動ができませんでした。しかし、将来の経済状態を変えることが可能だと知ったことで、恐怖心を利用して前に進むことができるようになったのです。恐怖を感じるたびに、ロバートから学んだ哲学の基本を振り返ります。そして自分の目標とそれまでの進歩とを、時間をかけてじっくり比較します。そうやって、自分には適切な決断を下したり計画を実行したりする能力があることを再確認するのです。

大人になってからの私は、恐怖が障害となって前進することができずにいました。恐怖は完全に消えたわけではありませんが——そんなことは不可能でしょう——エネルギーの源に変わり、私の行動を助けてくれるようになりました。

●私のやり方

まず、私は一歩も二歩も後にさがって客観的になり、短期的（一～三年）および長期的（五～十年）目標をきっちりと定め、分析することにしました。それ以前はごく簡単な分析の経験しかなく、初心者はだれもそうだと思いますが、ある重要な点を忘れていました。それは、OPM、つまり他人のお金を使う計画を立てたら、ローンの借金だけでなく、それ以外の資金（たとえば頭金など）のための借金も計算に入れなければならないことです。

たとえば、もし頭金とローンの両方にOPMを使い、不動産購入に自分のお金はいっさい使わないことにしたら、それを頭に入れてキャッシュフローを計算しなければなりません。私はどちらの物件からもキャッシュフローをあげて、すべての支払いを済ませた後でも収入を確保しようと考えていました。予想外の経費や事前に計算し忘れていた支出はごめんでしたし、OPMを徹底的に使いたかったからです。

次に気づいた重要な点は、時間の経過とともに増加する経費をキャッシュフローに反映させることです。インフレや、医療費などの経費は、退職後の「通常」の人生でも増え続けます。たとえラットレースから抜け出したとしても、その点は変わりません。したがって、単に不動産からのキャッシュフローを分析するだけでは足りないのです。不動産からの収入で不動産自体の支払いができたとしても、それ以外の支出を充分に補ってくれないとしたら、二つの仕事をいつまでも続けるか、あるいは間違いに気づいて訂正したり不動産投資にうんざりして手を引くかするまで続けなければなりません。月間の通常の支出を五千ドル（住宅のファーストローン、保険料、ケーブルテレビ加入料、電話料金、新聞代、食料費、外食費、自動車など）と見積るなら、不動産からのキャッシュフローはこの金額を反映したものでなければならないのです。

そこで、私は不動産分析モデルをつくり、最初の三か月間で物件を探して分析しながら六十パーセントくらい機能させるようにしました。残りの四十パーセントは、二棟の物件を買ったときに仕上げました。多くの人は、通常の不動産支出（つまり、住宅オーナーとして発生する種類の支出）に基づいて考えているようですが、不動産投資では通常の住宅とは違う種類の支出が生じます。そこで、私の不動産分析モデルに含まれる支出には、弁護士費用や旅費といった「不動産関連の」経費も含まれているのです。また、適切な予算を計算するために、月間、年間、十年間の支出も割り出しました。

支出には保険料、税金、新築家屋保証費《ホームワランティ》（保証期間内なら住宅機器の修理が何回でも無料になるシステム）、借家人の交代にかかわる長期的な準備金、物件の管理費（月極め／戸別、賃貸契約の更新時）、広告費、庭の手入れ費用、電気代／水道代／ゴミ収集費、住宅所有者協会の会費、年に二回の旅費、弁護士費用があります。それ以外に、屋根の葺き替えや電気器具の交換、外壁の塗装、それ以外にも不動産でたまに発生する費用を、十年単位の経費として組み込みました（いつ不動産を売却するつもりかにもよりますが）。もし不動産投資の初心者がこれらの経費をすべて計算に入れなかったために最初の失敗を犯したら、その人は投資対象としての不動産に対して不信感を抱いてしまうでしょう。

私が使った不動産分析モデルでは、意図的にかなりの悪条件を想定しています。私の予想では、最高の条件をもつケースは滅多になく、とくに不動産を買った最初の年には、絶対にないといっていいからです。そしてこのモデルを使って最悪の状況を分析したことで、たとえ空室率が非常に高かったり、購入に際してのコストが当初の予定より高かったりしても（たとえば、購入後に修理が必要になった場合でも）、購入したその日からキャッシュフローを九十九・九九パーセント得られるという確信をもつことができました。また、悪条件について考えていたおかげで、キャッシュフローが入ってくる物件でも、さまざまな状況が発生した場合にフレキシブルに対応することが可能になりました。

こうして、とくに経験の浅い新米投資家が初めのころに陥りやすい感情的な要素をなくすことができました。私は、このモデルを使って目標を達成できる物件か否かを分析するまでは、実際に物件を見ることはありません。そして分析結果が目標に届かなかったために購入を見合わせた物件は数多くあります。

私が購入した最初の四件の物件については、オファーを出す前に実際に見ました。次の二件は、売買契約を結ぶまでは直接見ていません。しかし、その地区に住む友人に頼んで、その周辺を車で走って立地条件と外観とを見てもらいました。最近買った物件も、友人に車で通りすがりに見てもらったのと、売主からの写真を見ただけで、基本的に自分では見ることなく購入しています。個人的には、遠くの物件を買うことの長所は、見学した時点で契約させようという不動産ブローカーやエージェントのプレッシャーを受けたり、物件に対して感情移入することがないので、余計な問題を抱えなくてすむことだと考えています。(距離があるために、まず採算性を考えることになります。また売買契約には必ず、買い手が契約を取り消すことができるという条項が含まれています。契約が取り消される条件としては、内部検査やローン手続きに対する不満がありますが、十五万ドルの物件の場合は売主に五十ドルだけ支払えば契約を取り消せる場合もあります。)

さらに、分析モデルを使って計算すれば、不動産エージェントやブローカーがもってくる物件を断わることができ、新米投資家によくあるように強引に物件を押しつけられることもありません。

キャッシュフローの計算には、二種類の方法を使いました。ひとつは自分で作成した不動産分析ソフトで、あらゆる経費が含まれています。もうひとつの計算ソフトは市販のもので、自分で仮定した条件を確認するために使います。(基本的には、これは客観的かつ専門的な数字を知り、自分の分析を検証するために使いました。いわばチェック・アンド・バランスのためのシステムです。

最初の物件のときには、インターネットでサービスを提供しているモーゲージ・ブローカーを含む七社の金融機関を分析しました。契約にあたっての諸費用は、ローンの金額に関係してきますが、私の分析モデルにはチェックリストがついていて、金利、諸費用の金額、返済方法について比較することができます。私が買った物件のうち五件では、契約の際の交渉で、名義変更前の修理費はすべて売主が負担しました。二棟の二世帯住宅の場合は、現状のまま購入したので、修理費が一棟につき約三千ドルもかかりました。それは私が負担しましたが、もともとローンの金額に組み込んでいたので、契約時に現金を用意する必要はありませんでした。

なによりも良いのは、この分析モデルを使えば、わずか数分で物件を買うべきか否かの判断ができることです。できるだけ積極的に動いて有利な物件を効率的に購入したい私にとって、これは重要です。最初に電話をかけるときに、大切なことはみな質問することにしています。十五〜二十件の物件なら、それが世界のどこにあろうとも、家を一歩も出ることなく一日で分析できます。このことは、掘り出し物の物件に当たったときにはとくに重要です。その物件が売買リストに載ってから三十分以内にオファーを出すことができますから。こうしたケースでオファーを出した物件のうち現在は二件を所有していて、どちらもキャッシュフローを生んでいます。

最初の電話で説明を聞きながら、チェックリストを使ってすばやく疑問への回答を記入していきます。リストの項目は、物件の広さ、間取り（書斎、独立したランドリールーム、駐車場は建物に隣接しているか）、共同／独立したバス・トイレの数、娯楽室、リビング、独立したダイニングルーム、キッチンのスタイル、玄関の広さ、屋根の耐用年数、建物の基礎、構造（軀体、煉瓦）、冷暖房とその種類、電気、ガス、上下水道、暖炉の有無。学校や商業施設までの距離、公共交通機関へのアクセス、幹線道路までの距離、隣が空き地かどうか、などです。

さらに、過去の売買契約日（前回の売買についての情報を制限している州もあります）、前回の購入価格、前回の評価額、物件ごとの戸数、平均賃貸率、現在満室かどうか、借家人名簿、そして賃貸契約の更新日を調べます。項目が多いと思われるかもしれませんが、電話での質問に加えてインターネットでマルチ・リスティング・サービスや郡税務署の記録簿を閲覧すれば、十五分もあればチェックできます。

また、購入までの作業（とその優先順位）のチェックリストも作ります。これで誰が何をするかがわかりますから、購入までの手続きが一貫してわかり、途中で何かを見落とすこともありません。このチェックリストを活用することで、売り手との直接交渉またはエージェントやブローカーを通しての交渉で、何度も目的を達成することができました。私の経験では、エージェントやブローカーが仲介する場合には、買い手がエージェントに任せきりになる傾向があり、何かが見落とされる危険がもっとも大きくなります。エージェントに任せきりにすることは間違いだと考えているので、すでにすませたこととまだ未処理のことが一目でわかるようなチェックリストを作ったのです。その結果、契約の時点で予想外の出来事に驚くこともありません。また、実際には経験不足のエージェントもいるので、交渉ではこのチェックリストが役に立つのです。さらに買い手として、自分の有利になるような事を提案することができます。（エージェントに支払うコミッションの金額も減ります。）

最後に、この不動産分析モデルには、金融機関が行うローン審査や、投資収益率や年間の償却費などの計算に使うスタンダードな評価法も含まれています。

ところで、私はこれまで多くの人が不動産購入のプロセスがなかなか進まないことに焦る姿を見てきました。私の場合、一件の物件を買うために三十〜四十件を検討します。一方、投資の初心者はそのプロセスにいらいらして、評価や分析に基づいて判断する代わりに、焦って決断を下してしまうことがあるのです。「どうして良い物件が見つからないんだろう?」「なぜ、いまだに一件も買えないんだろう?」といった不満の声はよく耳にしますが、時間をかけて物件をじっくり探し、分析することも、プロセスのひとつです。

私はプロの不動産エージェントやブローカーではありませんし、その経験もないことを申し上げておきましょう。私にはハイテク分野での経験しかなく、数学も苦手でした。そんな私にできるのだから、不動産投資に興味を持ち、そのプロセスに付き合える人ならだれでもできるはずです。

●私の所有物件

現在までに私が買った不動産の価格は、すべて十一万五千〜十八万ドルの範囲内です。どれも売主の提示価格より低い価格ですが、それは何度も交渉を重ねた結果であり、しかも売買に伴う修理代（給湯設備の交換や屋根の修理）は売主が負担しました。そしてそのうちの五件は、売買手続の完了時に担保として資金を作り、その資金を経費にあてたり、次の不動産を買うために使いました。

不動産分析モデルとローンの返済条件に基づいて、二世帯住宅のうちの一戸（あるいは四世帯住宅のうちの二戸）の家賃をローン／保険料／ホームワランティ費／税金の支払に充てています。月々の経費は、二世帯住宅の二戸につき約百ドル、四世帯住宅の四戸につき約二百ドルで予算を組んでいます。

サンアントニオの物件は今でも義理の姉が管理し、カリフォルニア州フレズノの物件は、フレズノに住む友人が面倒を見てくれています。二人とは、彼らが不動産管理や不動産投資の実務について勉強しているので、報酬を多少考慮することで合意しました。現在は二人とも勉強中なので、プロの管理会社に支払う額より低い報酬を支払っています。彼らの知識や経験が増えれば、報酬も上げることになるでしょう。二人が基本的な知識を身につけたら、将来はパートナーシップのような形で不動産ビジネスに加わってもらおうと考えています。二人が新しいキャリアを始めるなら、ただ経済的にだけではなく、プロとしても「富を分かち合う」ことができるでしょう。

しかし、いつプロの管理サービスを頼むことになってもいいように、私の不動産分析モデルではプロの管理サービスに支払う料金で計算しています。現在所有しているのは物件ひとつあたり二〜四戸なので、徴集した家賃の十パーセントを管理費とし、さらに新しい借家人ひとりにつき家賃の半月分を加算します。（一戸につき、年に一度は新しい借家人が入るとして。）一方、五十戸が入る大型マンションのような投資用物件の管理費は、別の料金体系とスケジュールで計算します。管理責任者が、良い借家人に長く住み続けさせるよう務め、問題点を解決し、滞りなくメンテナンスを行うよう、仕事にやる気をもたせるような魅力的な

●6棟の集合住宅からのキャッシュフロー

2002年1月 二世帯住宅1	2002年1月 二世帯住宅2	2002年3月 二世帯住宅3	2002年3月 二世帯住宅4	2002年9月 二世帯住宅5	2002年10月 二世帯住宅6
AR小計					
$15,440	$14,465	$11,200	$12,800	$3,545	$2,000

AR合計	$59,450.00
AP合計	$17,595.12
キャッシュフロー合計	$41,854.88

AR＝受取勘定（私への支払。つまり借家人から受け取った家賃）
AP＝支払勘定（私からの支払。ローン返済、税金、保険料、メンテナンス費、その他を含む）

●二世帯住宅1棟あたりの収支内訳

購入価格	$162,000
物件への現金投資額	
頭金	$25,000
購入諸費用	$2,100
修理/改築費	$1,500
合計	$28,600

月々のキャッシュフロー

家賃収入（2戸分）	$2,000

（この物件は現在までの満室率が常に100%なので、通常は計算に入れる5%の空室率を入れていない）

月々の支出	
税金（固定資産税）	$304
保険料	$54
修理/メンテナンス費	$0
積立金＊	$175
管理費＊＊	$141.67
ローン支払 （5年間のARM、30年/金利4.598%）	$535.97
支出合計	$1,210.64
月々の純キャッシュフロー	$789.36

投資収益率

年間のキャッシュフロー （$789.36×12）	$9,472.32
÷	
現金投資額	$28,600
投資収益率	33.1%

＊管理費の場合と同様、修理やメンテナンスは毎年必要なものと10年ごとに必要なものがあると考えている。この物件の場合は、現在までの7か月間の支出はゼロ。しかし、この二世帯住宅の2戸に対して月に平均$175の支出を見込んで予算を組み、その分は利子の付く口座に入れている。支出には住宅所有者協会の会費や入居前の塗装費用、清掃費用などが含まれる。
＊＊この物件の場合、管理手数料は、集金した家賃合計の5%＝（月額$100）。これに、新規賃貸の手続き及び履行料として初回家賃の25%を加算。これは、年間の新規契約の確率に基づき、年間$500として計算する。最悪のケースでも、1戸につき年間1件の新規契約を想定している。以上を加味した1か月あたりの管理手数料は、（$1,200＋$500）÷12＝$141.67となる。余った資金は必要になるまで修理用のCD口座に預けて利子を稼ぐ。

報酬システムを導入しようと計画中です。

現在のところ、私は七棟の集合住宅を所有し、購入したその日からキャッシュフローを得ています。また七棟とも、評価額が上昇しそうな物件です。前ページに記したのは、二〇〇二年一月から十月（十か月間）にかけて最初に買った六棟から得たキャッシュフローの金額です。それぞれの段の上にある日付は、購入した年月を示します。

二〇〇三年には、これらの物件の評価額は一棟あたり十六万九千ドルでした。

必要なことは、不動産を購入する前にキャッシュフローの金額を予測することです。そして売主や他の人々から得た情報は、実際のキャッシュフローとはかけ離れていることを覚えておくべきでしょう。一方、実際には、税金や入居前の準備にかかる費用が高くなる一方、月々の修理費のような経費は低くなることもあります。

●一年間の旅

二〇〇一年九月以来、私は不動産投資によって資産を二倍に増やし、株で失った七十五万ドル近くを取り戻しました。株式投資に関しては、自分で株価を積極的に分析し、自分なりの決定を下すことが大切だということを学びました。以前は株式ブローカーのアドバイスに頼りきっていたことを思えば、大きな進歩です。現在使っている株の売買や管理のシステムで、二〇〇一年九月以来ポートフォリオの資産を二十パーセントも増やすことができたのです。また自分自身を信頼するだけでなく、自分の決めたことを尊重するようにもなりました。思考方法と将来に関する見通しを調整することができるのは、『キャッシュフロー１０１』のおかげです。「現実に近い経験」ができるこのゲームで思考プロセスを磨き、それを現実の世界で活かすことで、自分独自の方法で不動産の良し悪しを判断し、交渉して有利な契約を結ぶことができるようになりました。

不動産投資を始めてから半年のうちに、私はクレジットカード・ローンの三万ドルを完済しました。今日では、私の総資産は以前の三倍近くになりました。

来年の計画は、スモールディールからビッグディールへと移り、不動産とビジネスを組み合わせて、投資一件につき最低でも百万ドルのキャピタルゲインを得る、というものです。そのためには、よく知っている二、三人の人々とリミテッド・パートナーシップを組む必要があります。投資用の資金は、これまでの投資で得たエクイティを使うつもりです。過去の投資をレバレッジとして使えば、将来へのはずみがつきます。それを三～五年間は続けて、ファーストトラックへ移るのです。私の目標は次のとおりです。

二〇〇三年三月には総資産が八十万ドル以上。
二〇〇四年三月には総資産が二百万ドル以上になり、日中の仕事から引退する。
二〇〇六年三月には総資産が五百万ドル以上。これでも、最悪の条件での見通し。

●最初の一歩がいちばん難しい

ＯＰＭを正しく使うことは、自分の親から教えられたこととは正反対だったため、金持ち父さんの教えのうちで、実行に移すことがいちばん難しい点でした。しかし、それとバランスをとるかのように、ロバートの語り口や方法はわかりやすいので、必要なことは楽に学ぶことができました。私はアドバイザーチームを作り、決定を下したり行動したりするときには彼らの情報や知識を活用しています。みな紹介されて知り合った人たちで、私のビジョンを理解してくれています。

私は自分なりの成功方程式を作りました。成功＝知識（自分で学んだこと）＋情報（情報の共有によって他の人から学んだこと）＋リスク（価値や得られるかもしれない利益と、最悪のケースや起こりうる損失との比較）です。そこにはチャンスを逃す可能性も含まれているが、同時にリスクを冒さないことで損をする可能性も計算に入れています。私の考えでは、リスクとは成功方程式全体を構成する要素のひとつであり、管理できるものです。目標が経済的なものであれ、個人的なものであれ、それ以外のものであれ、同じことです。

リスクを冒すことで自分がとても強くなったように感じ、さらに進もうという気になります。そして達成するものが多ければ多いほど、さらに自信が生まれるのです。私の中には自信の湧き出す深い井戸があり、その自信をこれまで考えもしなかった方法で使うことができます。最初の不動産の売買契約を結んだ後、私はあまりに幸せで本当に宙に舞い上がりかねない気持ちでした。

その後、私はこの井戸から何度も自信を汲み出して使うことで、まったく異なる分野でも成功しました。じつは同年代の多くの人と同様、私も長いこと肥満体でした。飛行機に乗る時間が長かったことと運動不足、そして頻繁なビジネスディナーのせいです。いつの間にか適正体重より二十七キログラムも重くなり、医者からは脳卒中の危険を指摘されるまでになってしまいました。

私は体重を減らすことができると自分に言い聞かせて、新しく身につけた自信をもって現実的な目標を定め、減量を始めました。そして一年後には二十七キロの減量に成功したことを、たいへん誇らしく思っています。素晴らしいことではありませんか。ロバートの哲学によって心だけでなく、体まで変えることができるなんて！

●チャンスが手招きしている

私はよく、一年間で自分の人生を変えたことについて考えます。

二〇〇一年九月十一日には、私は太っていて、悪化するばかりの経済状態を考えて落ち込んでいました。そして企業の幹部としてのキャリアに「金色の手錠」でつながれ、仮釈放の可能性すらないように感じていたのです。

九月十一日の世界がひっくり返るような大惨事を生き延びた私は、その後の茫然自失の状態から抜け出す方法を見つけました。

今日私が味わっているのは、恐ろしいグラウンド・ゼロから堂々たる山の頂きに上りつめたような気分です。空は澄み渡り、何マイルも遠くまで見渡すことができます。そしてどこを見ても、チャンスが手招きしているのです。

チャンスはあなたのことも待っています。ですから、一歩を踏み出してチャンスを見つけてください。

「いつか」というのは今のことなのです。

著者・訳者紹介

ロバート・キヨサキ
Robert Kiyosaki

日系四世のロバートはハワイで生まれ育った。家族に教育関係者が多く、父親はハワイ州教育局の局長を務めたこともある。ハワイスクール卒業後、ニューヨークの大学へ進学。大学卒業後は海兵隊に入隊し、士官、ヘリコプターパイロットとしてベトナムに出征した。

ベトナムより帰還後、ゼロックス社に勤務。一九七七年にナイロンとベルクロ（マジックテープ）を使ったサーファー用財布を考案、会社を起こした。この製品は全世界で驚異的な売上を記録し、ニューズウィークをはじめ多くの雑誌が、ロバートとこの商品をとりあげた。さらに一九八五年には、世界中でビジネスと投資を教える教育会社を起こした。

一九九四年、自分の起こしたビジネスを売却。四十七歳でビジネス界から引退したが、ロバートの本格的な引退生活は長くは続かなかった。その間にシャロン・レクターの協力のもとに『金持ち父さん　貧乏父さん』を書き上げ、この本はアメリカをはじめ世界各地で大ベストセラーとなった。続いて『金持ち父さんのキャッシュフロー・クワドラント』『金持ち父さんの投資ガイド』『金持ち父さんの子供はみんな天才』などを次々に出版。いずれもウォールストリート・ジャーナル、ビジネスウィーク、ニューヨーク・タイムズなどでベストセラーに名を連ねている。ロバートはまた、金持ち父さんが何年もかけて自分に教えてくれたファイナンシャル戦略をみんなに教えるために、ボードゲーム『キャッシュフロー』を開発した。

二〇〇一年、「金持ち父さんのアドバイザーシリーズ」第一弾が出版された。このアドバイザーチームは、「ビジネスと投資はチームでやるスポーツだ」と信じるロバートを支援する専門家たちからなる。

ロバートはよくこう言う。「私たちは学校へ行き、お金のために一生懸命働くことを学ぶ。私はお金を自分のために働かせる方法をみんなに教えるために、本を書いたり、いろいろな製品を作る。この方法を学べば、私たちが生きるこのすばらしい世界のすばらしさを思う存分満喫できる」

シャロン・レクター
Sharon Lechter

妻であり三児の母であると同時に、公認会計士、会社のＣＥＯでもあるシャロンは、教育に関心が深く、多くの力を注いでいる。

フロリダ州立大学で会計学を専攻し、当時

全米トップ・エイトに入る会計事務所に入所。その後もコンピュータ会社のCEO、全国規模の保険会社の税務ディレクターなどへと転職し、ウィスコンシン州で初の女性雑誌の創刊にもかかわる一方、公認会計士としての仕事を続けてきた。

三人の子供を育てるうち、シャロンは教育に興味を持った。テレビで育った子供たちは、読書には興味を持たない。彼女は、学校の教育では現状を打破できないと強く感じるようになり世界初の「しゃべる本」の開発に参加した。このプロジェクトは電子ブックの先駆けとなった。

「現在の教育システムは今日の世界的なテクノロジーの変化に対応できていません。私たちは子供たちに、この世界で『生き残る』ためだけでなく『繁栄する』ために必要な技術を教えなくてはなりません」と彼女は語る。

「金持ち父さん」シリーズの共著者として、彼女は現在の教育システムの抱える「お金に関する知識」の欠如という問題に焦点をあてている。本書は真に役に立つ知識を学び、経済的にも豊かになることを望むすべての人にとって、優れた教材となるだろう。

リッチダッド・オーガニゼーション

ロバートとキム・キヨサキ、シャロン・レクターが中心となり設立。『金持ち父さん貧乏父さん』をはじめとする書籍、『キャッシュフロー101』などのボードゲーム、学習用テープなど、お金について教えるための画期的な教材を通して、ロバートの考えを広く紹介している。この会社は「人々のお金に関する幸福度を向上させること」を目指している。

ファイナンシャル・リテラシーのための財団

ファイナンシャル・エデュケーションを目的とする団体やプログラムを援助する財団。リッチダッド・オーガニゼーションは経済的支援をはじめ、多くのサービスを提供している。財団に関するお問い合わせは左記まで。

The Foundation for Financial Literacy
P.O.Box 5870 Scottsdale,AZ 85261-5870
http://www.richdad.com

春日井晶子
Kasugai Akiko

英米文学翻訳家。東京外国語大学ポルトガル・ブラジル語学科卒業。訳書に『レナードの朝』『9月11日の英雄たち』『ねじとねじ回し――この千年で最高の発明をめぐる物語』（いずれも早川書房）『eボーイズ』『なぜ「あれ」が思い出せなくなるのか』（日本経済新聞社）他多数。

芳屋昌治
Yoshiya Shoji

一九六七年東京都生まれ。獨協大学法学部卒業。大手アパート販売会社の社長室兼営業企画室を経て、TFP・CG（ヘラクレス上場）の連結不動産コンサルティング会社で代表者として不動産投資アドバイス、資産分析、企業のリストラ、相続対策、物納コンサルティングなど幅広い業務を経験する。二〇〇四年四月、プロサーチ株式会社を設立し、代表取締役に就任。豊かな経験を基に個人、法人の不動産投資アドバイス業務や不動産ファンド組成運用業務を中心に展開している。

ロバート・キヨサキの著作

●「金持ち父さん　貧乏父さん——アメリカの金持ちが教えてくれるお金の哲学」ロバート・キヨサキ、シャロン・レクター著／白根美保子訳／筑摩書房

●「金持ち父さんのキャッシュフロー・クワドラント——経済的自由があなたのものになる」ロバート・キヨサキ、シャロン・レクター著／白根美保子訳／筑摩書房

●「金持ち父さんの投資ガイド　入門編——投資力をつける16のレッスン」「金持ち父さんの投資ガイド　上級編——起業家精神から富が生まれる」ロバート・キヨサキ、シャロン・レクター著／白根美保子訳／林康史、今尾金久協力／筑摩書房

●「金持ち父さんの子供はみんな天才——親だからできるお金の教育」ロバート・キヨサキ、シャロン・レクター著／白根美保子訳／筑摩書房

●「金持ち父さんの若くして豊かに引退する方法」ロバート・キヨサキ、シャロン・レクター著／白根美保子訳／筑摩書房

●「金持ち父さんの予言——嵐の時代を乗り切るための方舟の造り方」ロバート・キヨサキ、シャロン・レクター著／白根美保子訳／筑摩書房

●「金持ち父さんのサクセス・ストーリーズ——金持ち父さんに学んだ25人の成功者たち」ロバート・キヨサキ、シャロン・レクター著／春日井晶子訳／筑摩書房

●「金持ち父さんの金持ちになるガイドブック——悪い借金を良い借金に変えよう」ロバート・キヨサキ、シャロン・レクター著／白根美保子訳／筑摩書房

●〝Rich Dad's Who Took My Money?——Why Slow Investors Lose and Fast Money Wins!〟

●〝Rich Dad Poor Dad for Teens——The Secrets About Money——That You don't Learn in School!〟

●「人助けが好きなあなたに贈る金持ち父さんのビジネススクール——ネットワークビジネスから学ぶ8つの価値」マイクロマガジン社

金持ち父さんのアドバイザーシリーズ

●「セールスドッグ——『攻撃型』営業マンでなくても成功できる!」ブレア・シンガー著／まえがき・ロバート・キヨサキ／春日井晶子訳／筑摩書房

●〝Protecting Your #1 Asset: Creating Fortunes from Your Ideas——An Intellectual Property Handbook〟 by Michael Lechter

●〝Own Your Own Corporation——Why the Rich Own Their Own Companies and Everyone Else Works for Them〟 by Garrett Sutton

●〝How to Buy & Sell a Business——How You Can Win in the Business Quadrant〟 by Garrett Sutton

●〝The ABC's of Building a Business Team That Wins〟 by Blair Singer

●〝The ABC's of Real Estate Investing——The Secrets of Finding Hidden Profits Most Investors Miss〟 by Ken McElroy

金持ち父さんのオーディオビジュアル

●「ロバート・キヨサキのファイナンシャル・インテリジェンス」タイムライフ（CDセット）

●「ロバート・キヨサキ　ライブトーク・イン・ジャパン」ソフトバンクパブリッシング（DVD）

●〝Rich Dad's Roads to Riches〟

●〝Your 1st Step to Financial Freedom〟

●「金持ち父さんのパーフェクトビジネス」マイクロマガジン社（CD）

本文で紹介された本

●「バビロンの大富豪」ジョージ・S・クレイソン著／大島豊訳／キングベアー出版

●「人を動かす」デール・カーネギー著／山口博訳／創元社

金《かね》持《も》ち父《とう》さんのサクセス・ストーリーズ

金《かね》持《も》ち父《とう》さんに学《まな》んだ25人の成功者《せいこうしゃ》たち

二〇〇四年一一月一〇日　初版第一刷発行

著者　ロバート・キヨサキ
　　　シャロン・レクター
訳者　春日井晶子（かすがい・あきこ）
監修　芳屋昌治
発行者　菊池明郎
発行所　筑摩書房
東京都台東区蔵前二―五―三　〒一一一―八七五五　振替〇〇一六〇―八―四一二三
本文フォーマット　鈴木成一デザイン室
装丁　岡田和子
印刷・製本　中央精版印刷
ISBN4-480-86361-3 C0033

乱丁・落丁本の場合は、左記宛に御送付下さい。
送料小社負担でお取り替えいたします。
ご注文・お問い合わせも左記へお願いします。
〒三三一―八五〇七　さいたま市北区櫛引町二―六〇四
筑摩書房サービスセンター　電話〇四八―六五一―〇〇五三

『キャッシュフロー101』で
ファイナンシャル・インテリジェンスを高めよう!

読者のみなさん

『金持ち父さんシリーズ』を読んでくださってありがとうございました。お金についてためになることをきっと学ぶことができたと思います。いちばん大事なのは、あなたが自分の教育のために投資したことです。

私はみなさんが金持ちになれるように願っていますし、金持ち父さんが私に教えてくれたのとおなじことを身につけてほしいと思っています。金持ち父さんの教えを生かせば、たとえどんなにささやかなところから始めたとしても、驚くほど幸先のいいスタートを切ることができるでしょう。だからこそ、私はこのゲームを開発したのです。これは金持ち父さんが私に教えてくれたお金に関する技術を学ぶためのゲームです。楽しみながら、しっかりした知識が身につくようになっています。

このゲームは、楽しむこと、繰り返すこと、行動すること――この三つの方法を使ってあなたにお金に関する技術を教えてくれます。

『キャッシュフロー101』はおもちゃではありません。それに、単なるゲームでもありません。特許権を得ているのはこのようなユニークさによるものです。このゲームはあなたに大きな刺激を与え、たくさんのことを教えてくれるでしょう。このゲームは、金持ちと同じような考え方をしなくては勝てません。ゲームをするたびにあなたはより多くの技術を獲得していきます。ゲームの展開は毎回違います。あなたは新しく身につけた技術を駆使して、さまざまな状況を乗り切っていくことになるでしょう。そうしていくうちに、お金に関する技術が高まる

『キャッシュフロー101』
家庭で楽しみながら学べる
MBAプログラム
CASHFLOW 101　$195

と同時に、自信もついていきます。

このゲームを通して学べるような、お金に関する教えを実社会で学ぼうとしたら、ずいぶん高いものにつくこともあります。『キャッシュフロー101』のいいところは、おもちゃのお金を使ってファイナンシャル・インテリジェンスを身につけることができる点です。

はじめて『キャッシュフロー101』で遊ぶときは、むずかしく感じるかもしれません。でも、繰り返し遊ぶうちにあなたのファイナンシャル・インテリジェンスが養われていき、ずっと簡単に感じられるようになります。

このゲームが教えてくれるお金に関する技術を身につけるためには、まず少なくても六回はゲームをやってみてください。そのあと本などで勉強すれば、あなたはこれから先の自分の経済状態を自分の手で変えていくことができます。その段階まで到達したら、上級者向けの『キャッシュフロー202』に進む準備ができたことになります。『キャッシュフロー202』には学習用のCDが5枚ついています。

子供たちのためには、六歳から楽しく学べる『キャッシュフロー・フォー・キッズ』があります。

『キャッシュフロー』ゲームの創案者
ロバート・キヨサキ

『キャッシュフロー・フォー・キッズ』
6歳から楽しく学べる子供のためのゲーム
CASHFLOW for KIDS　$39.95

New!　「キャッシュフロー」がPCゲームになって登場！

「キャッシュフロー１０１」「キャッシュフロー２０２」「キャッシュフロー・フォー・キッズ」がＰＣゲームになりました（現在は英語版のみの販売です）。英語公式サイトでソフトＣＤを発売中です。くわしい内容は、金持ち父さんの日本語オフィシャルサイトrichdad-jp.comでも紹介していきます。「キャッシュフロー１０１」のＰＣゲーム「CASHFLOW THE E-GAME」と「キャッシュフロー２０２」のＰＣゲーム「CASHFLOW 202 THE E-GAME」は、英語公式サイトの有料サービス「INSIDERS」の会員に登録すると、オンラインで他の会員とも対戦できます。現在、電子版のキャッシュフローゲームは、日本語版リリースに向けてプロジェクト進行中！　オンライン対戦も楽しめるPCゲームの登場を、お楽しみに！

New!　金持ち父さんの公式メールマガジン「経済的自由への旅」

「金持ち父さん」の最新情報がほしい人のために、週刊メールマガジンが創刊されました。起業や不動産投資、ペーパーアセットなど、さらに具体的な情報が得られます。あなたが旅の途中でくじけないよう、いつも励ましてくれる心強い味方です。

New!　あなたのサクセス・ストーリーをお寄せください！

『金持ち父さんのサクセス・ストーリーズ』の25人の成功者のように、「私も行動を起こして成功した」「経済的自由を手に入れた」「経済的自由への旅を続けている」という皆さん、今度はあなたのサクセス・ストーリーを聞かせてください。

体験談には人の心を動かすパワーがあります。ロバート・キヨサキも次のように語っています。「一人一人が語る体験ほど、パワフルで元気を与えてくれるものは他にない。それは、全力を尽くし、大きな成功を収めたことを、自ら認めることだ。自分の体験からじかに確認できる、まぎれもない『証拠』だ。

ストーリーを記録するという行為そのものが、あなたが努力し、行動していることを、あなた自身に思い出させてくれる。

それは、似たような問題で苦しんでいる人にとっては、問題を乗り越えるきっかけとなるだろう。また、あなたの成功を、心の中で喜んでくれる人もいるだろう。

サクセス・ストーリーを語る成功者たちと同じように、あなたもまた、これを読んでいる瞬間にも、『金持ち父さん』の教えを通じて、人生や経済状態において、新たな高みに向かっているのだ」

詳細については「金持ち父さんの日本オフィシャルサイト」richdad-jp.comをご覧ください。

お待ちしています！

「あなた自身のストーリーを書こう。あなた自身の夢を、人々と分かち合おう。そして他の人の人生にも力を与えよう」――ロバート・キヨサキ